うん、そうだね

と女性部下に言ったら、「信頼される上司」になれた

玉居子 高敏

WAVE出版

はじめに

この本を手に取ってくださったあなたに質問です。
あなたは、毎日の仕事の中で、女性の部下とコミュニケーションがうまくとれていると感じているでしょうか？

――一見、なんの問題もなくこちらの指示に従ってくれているようだけれど、本当のところは**何を考えているのかまったくわからない**。

そのため、ついついそのままにしてしまった結果、**仕事の生産性が上がらない状態が続いている**。あるいは、

「私はこの職場には合わないので、辞めます」

と言って、**有望な女性の部下たちが、どんどんいなくなってしまう……**。

そんな経験をされているリーダーの方は多いのではないでしょうか。

今回は、そうした女性の部下との仕事上の問題や悩みを抱える多くのリーダーの方たちのお役に立てればと、本書を上梓させていただきました。

本書は、私が主催している『リーダー養成講座』の内容に基づいて書きました。

序章で詳しく述べますが、**私が保育園の経営者兼プレーイングマネジャーとして、実際に多くの女性たちとかかわりながら、12年の歳月をかけて組み立ててきた《女性の味方を増やし、信頼が得られる方法》**をわかりやすくまとめてあります。

職場に女性の部下がいるというすべての方に、まずは「女性の本質」を知り、チームの業務を円滑に進めるためのツールとして、活用していただければ幸いです。

2021年3月

玉居子　高敏

「うん、そうだね」と女性部下に言ったら、「信頼される上司」になれた　目次

第2章
男女の違いを知って女性の思考法を理解しよう

第3章 外見・雰囲気で女性の部下の信頼を得る

――「清潔感」を磨く

第4章　〈共感力〉で女性の部下の信頼を得る
――「コミュニケーション力」を磨く

第5章

6つの価値観で女性の部下の信頼を得る

――「メンタル力」を磨く

装丁　小口翔平＋奈良岡菜摘＋大城ひかり（tobufune）
執筆協力　藤原裕美
図版　山崎修
DTP　NOAH
編集　大石聡子（WAVE出版）

序章

女性スタッフに「存在自体がパワハラ」と言われて

「あなたが変わらなければ、会社はダメになりますよ」

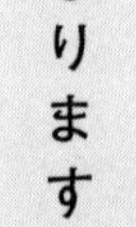

私が経営コンサルタントからそう告げられたのは、今から6年前。

前職のクライアントから、わけあって保育園の経営を引き継いで8年、運営会社の経営者として、競争が激しい業界で生き残っていくためにはどうしたらいいかと、考えていたときのことでした。

業績としては、1園だった保育園を4園に増やし、利益も確実に上がっていました。

しかし、**保育園の95%を占めていた、保育士さんなどの女性スタッフたちとの関係が、最悪だった**のです。

その状態は、私が保育園の経営を引き継ぎ始めたころからでした。それまでいたスタッフがポツリポツリと辞め始め、4カ月後に私が経営者兼プレーイングマネジャーとして現場に入ったときには、もとからいたメンバーは誰もいなくなっていたのです。

今でも鮮明に思い出すのは、私が現場に入って間もないころ。

当時はまとめ役の30代の女性を中心に、保育士さんたちが仕事についてくれていました。ところが、**私がいないところですでに〝女性だけのコミュニティ〟ができあがっていて、保育士の資格をもたない、しかも当時28歳の若い男性経営者の私を、まったく受け付けない雰囲気だった**のです。

私が彼女たちのところに入っていくと、怖いくらいに空気が冷たくて……。

たとえば園内でのお昼ご飯のときも、私の席から少し離れた場所にあった室内用ジャングルジムのところに、女性スタッフが5、6人で陣取って、食事をしながら私をジーッとにらみつけているんです。

その刺さるような視線に耐えられなくなって、私は晴れの日だけでなく雨や雪の日でも、保育園の近くにある公園まで行き、ひとり傘をさしながらお弁当を食べる……そんな切ない時間を過ごしていました。

そうした状態は仕事中も続いていたので、私はやむを得ず彼女たちにひとりずつ辞めてもらい、新しい人を採用しました。

でも結局、その後も同じことの繰り返し。スタッフが翌日から突然来なくなるようなことが日常茶飯事のように起こって、人が定着しない……。そのことで、園児の保護者からも、少しずつクレームが入るようになっていたんです。

「この状態を、なんとかしなければ……」

そう思った私は、

「従業員満足度を上げれば、この悪い雰囲気を改善できるかもしれない」

と考え、経営コンサルタントに入ってもらい、ES診断（従業員満足度調査：社員が会社に何を求め、どのような不満を感じているのかを調べるためのアンケート式調査）をやってみることにしたのです。

その結果は……、無残なものでした。

なかでもショックだったのは、リーダーである私のやり方に否定的な態度をとっていた人だけでなく、**「好意的に捉えてくれていて将来有望」と私の目に映っていた人までもが、本当は批判的だった**こと。

要するに、職場の雰囲気が悪いのは、

「私の存在が、スタッフの支持を得ていないから」

ということだったのです。

「俺はこんなに嫌われていたんだ……」

仕事も部下への対応も、自分ではきちんとやっていたつもりだったので、私はものすごく落ち込みました。**ＥＳ診断の結果が出るまでは、女性スタッフからそこまで嫌われていることは思っていなかった**のです。

ダースベーダー＝パワハラ大王と呼ばれて

今から考えれば、ＥＳ診断の結果は当然と言えば当然のこと。それまでの私は、経営者として、大切な乳幼児のお子さんをお預かりしている責任の重い仕事を動かしていくという意識が強すぎて、スタッフたちにはかなり厳しく接していました。

専門の保育士であるというプライドをもち、よそから来た〝新米〟の私の言うことを簡単には聞いてくれない女性スタッフたちを、〝力〟でねじ伏せようとしていたのです。

そもそも私は、

「男は女より上、女が男を立てるのは当たり前」

という昭和の価値観の家庭で男兄弟の次男として育ち、男友だちとばかり遊んでいる子どもでした。小中学校は共学でしたが高校は男子校。大学では男だらけの少林寺拳法のサークルに入り、友だちとバカ騒ぎ……。それこそずっと男ばかりの中で過ごしてきたのです。

おまけに新卒で昭和のニオイがプンプンする不動産コンサルティング会社に就職し、

「上司の命令には、絶対服従！」

なんていう縦社会の軍隊組織のような毎日を送ることに。そこから保育園コンサルティング会社に移って、コンサルタントをしていたのですが、**基本的に女性に気遣いができず、優しくするのが苦手。女性とどう話したらいいのかさえ、わからない人間だった**のです。

だから、保育園を引き継いだあとも、女性スタッフの気持ちを踏みにじってばかり。

「そんなこともできないのかっ！　このバカ！」

「おまえ、なんで子どものことを見てねえんだ！　使えねえやつ！」

と、誰もが耳をふさぎたくなるようなひどい言葉を、日常的にはいていました。**完全に〝人間性否定のパワハラキャラ〟**でした（園児には決してやっていませんでしたが）。女性スタッフからすれば、保育士の資格ももっていないような人に、

「なんでそこまで言われなくちゃ、いけないの！」

という気持ちだったでしょう。

しかも、どんなに体調が悪くても、人に感染する病気を除いては、休むことも仕事の手を抜くことも許さない。保護者などお客様の姿が目に入ったら、忙しく園児を見ていると

きでも、立ち上がってきちんと挨拶する……などの規則をたくさんつくり、

「これができないやつは、この保育園にはいらない！」

と言って強要していました。だから、

「前の保育園では、こんなじゃなかった」

と、辞めていく人が多かったのです――まるでブラック企業ですよね。

これは後日聞いた話なのですが、当時の私のスタッフに対する威圧感はものすごかったらしく、朝、私がクルマから降りて保育園の建物に向かう姿を見たスタッフが、

「ダースベーダーみたい！」

と言ったとのこと。どうやら私の登場シーンと、映画『スターウォーズ』の敵役、ダースベーダーの登場シーンが重なって、

「♫パーパーパ、パンパパーパンパパー♪」

というテーマ曲が、思わず頭に浮かんだそう。

その日のお昼ご飯のときに、

「ほんと、園長って、ダースベーダーみたい！」

「それって、存在自体がパワハラじゃん！　パワハラ大王だね！」
と、スタッフみんなで盛り上がっていたようです（苦笑）。

自分が変わることで女性から信頼されるリーダーに

そんな私にとって、ES診断の結果と、冒頭のコンサルタントの言葉は、職場での自分の存在を見つめ直す大きな〝覚悟〟となりました。

負の感情で覆われている組織では、さまざまなトラブルが起き、生産性が落ちます。

だから、経営者としてだけでなく、職場のリーダーである私にとって、このとき一番必要だったのは、スタッフがパワハラと言うほど人間不信になるようなことをしていた**自分を、もう1度見つめ直し、そのあり方を変えていくこと**だったのです。

実は、ES診断を受ける2年前に、将来性のある女性スタッフが保育園を辞めてしまっ

た出来事がありました。そのことをきっかけに、私は、

「園内の雰囲気が悪いのは、私が原因なのではないか？」

と、薄々感じ始めていたのです。

そのため、まずは私自身がそれまで人にしてきた行動を、相手の立場に立ってみることで反省し、自分を見つめ、改善していこうと、内観法（瞑想による修行法）の研修所で、1週間の「集中内観」を受けていました。


そのときの貴重な体験を生かし、私は次の4つを毎日実践するようにしました。
①話の相手、とくに**女性スタッフの話をきちんと聴く**練習をする
②**1日に1度、「人にやっていただいたこと」を必ず1つはノートに書き出す**
③人に対する感謝の気持ちを、いつでもためらわずに素直にあらわせるように、毎日通勤するクルマやお風呂の中で、**「ありがとう」を100回声に出して言う**
④女性スタッフの表情を常に観察し、自分の口調や態度を変えることで、どういう反応があるかを研究する**（男性にはわかりづらい〝女性の感覚〟をきちんと受けとめる）**

そして、ＥＳ診断を受けたあとは、日本アンガーマネジメント協会の講座を受け、アンガーマネジメントの講師資格をとることに。自分を見つめ、**〝怒り〟の感情をコントロールすることで、その時々の気分に振りまわされず、状況に適した言動をするようにしていった**のです。また、コーチングの先生にもお願いして、自分のダメなところを徹底して改善していきました。

——これらを実行していくことは、それまで私の中に根強くあった**「男性（女性）はこうあるべきだ」「上司（部下）はこうあるべきだ」「組織とはこうあるべきだ」……ひいては「自分はこうあるべきだ」という固定観念＝価値観との闘い**でもあったので、実にしんどいものでした。

しかし、そうやって自分を変えていくことで、私はいろいろなことを習得し、仕事に関して言えば、**相手を尊重して接することの大切さ**を学びました。

こちらが高圧的で否定的な態度をとれば、やはり相手である女性スタッフも、対抗してくるのは当然です。だから私は、**自分の行動を変え、女性スタッフに〝歩み寄り〟の姿勢を見せることで、彼女たちにもそれを理解してもらう**——誤解を避けるために言うと、

「良い人」「人格者」になるためではなく、仕事での自分のあり方を根本的に変えるために、そう決心したのです。

そして1年後、再度行ったES診断の結果を見て、私はホッと胸をなで下ろしました。

「前回の調査と比べて、会社の何が変わりましたか？」という問いに対し、**「園長が変わった（良くなった）」というコメントが50％**にものぼったのです。

全体的な従業員満足度の数値も上がり、

「これまで見たこともないスコアアップですよ！」

と、コンサルタントにも言ってもらえました。

実際に、まわりにいるスタッフたちにとって、私の変わりようは驚きだったらしく、今ではそのときのことが笑い話にも。その1つを紹介すると――1回目のES診断の前に産休に入ったスタッフがいて、その彼女が久しぶりに保育園を訪れたときのこと。

「元気だった？」

と、私が笑顔で話しかけると、私の顔を見ながら、とてもヘンな表情を浮かべたのです。

そこでほかのスタッフに、

「彼女、なんだかすごく複雑な表情をしていたんだけど、何かあったの？」

と聞くと、

「『園長、何か悪い宗教にでも入ったの？』って、言っていましたよ」（笑）

という返事。どうやら、パワハラ大王だったころの私しか知らない彼女としては、私の変わりようが信じがたいことだったようです（笑）。

そうやってリーダーである私が激変したことで、職場はどんどんいい方向に変わっていきました。**園内の雰囲気は和やかになり、以前はまったくなかった女性スタッフからの前向きな意見もどんどん出るようになって、仕事の進み具合にも余裕**が感じられるように。

1年前には30〜40％だった離職率も10％にとどまり、**有能なスタッフが辞めなくなったことで責任者候補の育成が進み、**4園だった保育園を、4年後の2019年には11園にまで増やすことができたのです。

保育園業界での経験はすべての業界の先例

私が在籍していた保育園業界は現在、深刻な人手不足で、女性スタッフが「ここで働きたい！」と思ってくれるような魅力がないと、人員確保・定着はむずかしく、事業自体が立ちゆかなくなっています。

「保育園業界は、女性の保育士さんばかりの世界だから、特別だろう」と思う方もいらっしゃるかもしれません。

しかし、共働き夫婦が多くなり、新型コロナウイルスの影響でテレワークが増えるなど、社会構造が変化しつつある中、生産性の観点からも性別を問わない評価がなされるようになっています。これからは多くの業界で、さらなる女性の社会進出が進んでいくでしょう。

保育園業界での出来事は、みなさんにとって「全業界に先駆けた例」と受けとめておいたほうがいいのです。今後、リーダーとして女性の部下と仕事をしていくためには、**これまでの価値観を改めていかないと、手痛いしっぺ返しを受けることになりかねません。**

もはや男性社会の目線で女性を「活用する」時代ではありません。女性に〝歩み寄り〟、信頼関係を結び、彼女たちの信頼を得ながら一緒に働いていく時代なのです。

私たちは今、そのためのマネジメント能力が問われています。


そうした今を生きるみなさんに、私がこれまでの経験から学び、積み上げてきた**〈女性の味方を増やし、信頼が得られるリーダーになる方法〉**を活用してもらえればと思います。


私のように、究極の自己改善をする必要はありません。

「女性とはこういうものなんだ」

「女性から信頼されるリーダーになるためには、こういうことが大切なんだ」

ということを知るだけで、今までとはまったく異なる視点で仕事ができるようになると、私は確信しています。

このあとの内容を簡単に説明すると、以下のとおりです。
第1章　女性スタッフも幸せに楽しく働ける組織――**〈心理的安全性〉の組織**や、その中でリーダーとしてどのように女性の味方**（信頼サークル）**をつくり、仕事を潤滑にまわしていけるかについて説明します。

第2章　**男性と女性の思考の違い**を知って、**「女性とは、こう考えて行動する存在である」**ということを理解していきます。

第3章　女性スタッフとの**信頼関係を築くための第一歩、〝清潔感〟に注目**し、部下との間にある壁をなくしていく方法をお伝えします。

第4章　女性スタッフから信頼されるために欠かせない**〈共感力〉をベースとした、リーダーになるためのコミュニケーションのスキル**を身につけていきます。

第5章　最後に、**女性スタッフと向き合い、信頼を得て、味方を増やすための大事な要素〝メンタル〟を磨く6つの方法**について説明します。

さあそれでは、世の潮流に押し流されないために、あなたはどうやって女性から信頼されるリーダーになっていけるでしょうか。

いよいよ本題に入っていきましょう！

第1章

女性が幸せに働き、楽しく育つ組織のリーダーになろう

女性メンバーにとって働きやすい職場とは？

みんなと一緒に働きたくなる〈心理的安全性〉のあるところ

女性の部下をもつリーダーのあなたに質問です。

女性たちにとって、「働きたくない」職場とは、どんなところでしょうか？


実際にこの問いを女性たちに投げかけてみると、

「パワハラの上司がいる」

「自分の意見が自由に言えない」

「職場の雰囲気が悪い、暗い」

「上司や同僚の気遣いが少なく、私のことを配慮してくれない」

「やりがいのある仕事をやらせてもらえない」

……と、実に多くの答えが返ってきます。

現在私は、女性が多い職場の安定化・活性化を専門とするコンサルタントをしているので、こうした女性がいる職場での問題をたくさん見ています。その中でつくづく感じるのは、女性の才能が生かされていない、あるいは潰してしまっている組織が、いかに多いかということ。

私の保育園経営者時代もそうでしたが、**そういう組織ほど、辞めてほしくない有能な女性が辞めていく**のです。

経営の話では、従業員の定着率のことがよく話題にのぼりますが、定着率は高ければいいというものでもありません。**良い組織ほど、枝葉部分の代わりのきく従業員は辞めていき、幹となる部分の有能な従業員が残ります。**そういうシステムをつくることで、組織内の新陳代謝を高めていく必要があります。

幹の部分の従業員を育て、定着させることで、ひとりひとりの技術や経験値が上がって、組織内の仕事が機能し、生産性が向上する——そんな経営の原則に則った〝女性を育てていける環境〟が、今、必要とされているのです。

では、女性が働きやすく「ずっといたい」と思える組織とは、どんなところでしょうか。保育園の経営者時代、自分を変えるのと同時に、組織を建て直そうと思ったとき、私が一番に考えたのは、従業員満足度を上げることでした。そのためには、女性が気持ち良く働けて、それまでの組織では表に出てこなかった**彼女たちの能力を発揮できる環境**をつくらなければならない——。

もちろん、待遇や福利厚生を良くするなど、雇用の土台となる部分をしっかり整えることも大切です。でも、**女性にとっては何よりも、**

「みんなと一緒に働いていて楽しい」

「安心して働ける風土がある」

といった、職場に対する〈共感〉が重要だと思ったのです。

その思いは、ハーバード大学で組織行動学を研究するエイミー・エドモンドソン氏が提唱した**〈心理的安全性〉**という概念に、とてもしっくりくるように感じました。

これは「対人関係においてリスクのある行動——たとえば相手に反論したり、疑問を投げかけたり、自分の弱さをさらけ出したりしても、安全であると感じられる状態」のこと。

その状態が確保された職場の特徴として、次の6つがあげられます。

①職場の空気が明るい
②プライベートや仕事の情報を共有している
③「ありがとう」「お疲れ様」など、感謝やねぎらいの言葉を常にかけ合っている
④ミスやトラブルがあったときに、みんなでフォローし合っている
⑤悩んだり困ったりしているメンバーをケアする風土がある
⑥メンバーのいいところを、2つくらいはすぐに言える

私の保育園では実際に、こうした環境を整えることで、将来有望な女性スタッフが育ち、業績も上がっていきました。

昔から、男性は「コミュニティを守るために外敵と戦う生き物」、**女性は「安全なコミュニティをつくり維持する存在」**とよく言われていますが、**「女性は、〈心理的安全性〉が確保されたコミュニティで能力を発揮する」**ということなのです。こうした男女の違いは、ゲームでたとえれば、最初から決められた法則であり、これに従わなければ、ビジネスでも人生でも成功はないということです。

〈心理的安全性〉の組織づくりの最初のステップは？

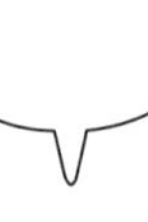

メンバー全員が認め合う「自己認識」ができていること

「でも、〈心理的安全性〉が確保された環境って、どうやってつくればいいんだ？」

そう思う方は多いですよね。私も保育園の経営者時代はそう思っていました。

〝安全〟という言葉があるので、一見、自分の思っていることがなんでも言えて、気楽で楽しそうな仲間というイメージです。けれども、「なんでも言い合える」ということは、メンバーの誰にとってもそうなのですから、批判や反論を受けることもあります。

「〈心理的安全性〉が確保された組織」とは、メンバーの誰かから、たとえ耳の痛い批判や反論を受けたとしても、チーム内の信頼性は揺るがず、意見としてきちんと受けとめられる状態のこと。つまり、各メンバーが、そのことを自覚する必要があるということです。

そこで私は、「〈心理的安全性〉の状態」をつくるためのポイントを、次の3つに分けて考えてみました。

①**自己認識**　自分の価値を認め、まわりからも認めてもらえていると感じること

②**自己開示**　自分の個性・本音をさらけ出しても、受けとめてもらえていると感じられること

③**自己表現**　会議や打ち合わせなどの意見を言う場で、本音が言いやすいと感じること

組織のメンバーそれぞれに、①の「自己認識」と②の「自己開示」の意識があれば、③の「自己表現」にもつながりやすくなります。

①の**自己認識**をさらに詳しく述べると、**「自分が認める価値」**と**「まわりの人が認めてくれている価値」**の両面を認識すること。これは第4章、第5章で詳しく説明しますが、とくに他人が認めた価値を受け入れることは、コミュニケーションの基本です。

とはいえ、自分と他人の認識の間には、大なり小なりズレがあるもの。

保育園の経営者時代の私のように、**スタッフからパワハラ大王と認識されていたことに**

気づき、その原因を知り、受け入れることで、コミュニケーションが円滑にいくようになったケース――こうした〝対人関係における気づきのモデル〟（その論理を立てた2人の心理学者の名前をとって「ジョハリの窓」と呼ばれています）は、私にとっては、まさに新しい自己発見だったと言えるでしょう。かなりきつい経験でしたけど（笑）。

この「自己認識」に関するコミュニケーションで注意が必要なのは、**相手が人に認めてもらいたいと思っている〈こだわりポイント〉をしっかり知ること。**

自分が褒めてほしい、認めてほしいポイントを他人に否定されることは、自分の価値を否定されるのと同じことで、**怒る、恨む、場合によっては相手を敵と見なし、攻撃してくることもあるので、要注意**です。

相手が女性の場合は、このあと第2章でもふれますが、怒りを〝**心のタンク**〟の中にいつまでも保存しておけるので、男性のひと言が、生涯にわたる攻撃材料になることもあります。もし、相手の女性が突然、猛烈に怒ってきたり、反撃してきたりした場合は、**地雷を踏んでいる**可能性大なのです。

「この間、○○さんに『最近、ちょっと太った?』って言っちゃったんだよ。そしたらそのあと、彼女にジロッとにらみつけられたまま、1日中無視されて。いや、まいったよ」というような話、たまに聞きますよね。彼女がこだわっている体型のことにふれてしまって、怒りの地雷を踏んだということです。

この気をつけたい「〈こだわりポイント〉の否定」については、男性の場合は学歴・キャリア・仕事の実績・過去の武勇伝に対する否定などがあります。

一方、女性の場合は、

- 「美」に関する否定　　容姿や、美しくなろうとして頑張っていることへの否定
- 「かわいい」の否定　　本人が「かわいい」と定義していることへの否定（「かわいい」については、第2章で取り上げます）
- 〈プロセス〉の否定　　女性が今やっていることへの否定や軽視。結果が伴わなかったときの〈プロセス〉の否定はとくに注意

など、男性にはわかりにくいことばかり。男性としては、このあとの第4章、第5章に出てくる〈共感〉や「価値承認」の学びが必要です。

〈心理的安全性〉を目指すときにリーダーがやることは?

女性メンバーの2倍「自己開示」していく

職場のリーダーとしては、なかなか気づけないことなのですが、会社などの組織の中では**女性は男性と比べて、自分の本音や思っていることを言えていない人が多い傾向にあります。**

これは、〈心理的安全性〉で見ると、「自己表現」につながることで、まずはその土台となる**「自己開示」ができていない**ということです。

「自己開示」とは、前に述べたように、自分の個性・本音をさらけ出して、相手に受けとめてもらえていると感じられること。

これをメンバーにいきなり「やってください」と言っても、容易にはできないことなので、私の場合は、**リーダーである自分から行動で示して、考え方や経験などの本音の部分をあらわす**ようにしていました。

そうすると、女性の場合はとくに、**「お返ししたい」という心理＝「自己開示」の返報性が働いて、**話してくれやすくなるんです。

そのときの**リーダーとしての1つ目のポイントは、「自己開示」を相手の2倍すること。**

そうすることで、自分からの「自己開示」の質も高まり、本音や感情をきちんと伝えられるようになって、相手も同じように話してくれるようになります。

要するに、話す回数や量を増やしていくことで内容も深くなって、

「この上司には、こんなことも話していいんだ」

と思われるようになり、**部下との信頼関係がつくりやすくなる**のです。

男性は女性と比べてコミュニケーションをとる量が少ない傾向にあるので、とくに「自分が受けた2倍、自己開示すること」を意識したほうがいいでしょう。

そして、リーダーとしての**2つ目のポイントは、〝感情〟を添えて話すこと。**

これは、

「このお菓子、すっごくおいしいよね♪」

「これ、とってもいい感じだと思うんですよね」

と、女性の「自己開示」には感覚的な表現が多いため。男性としても、**感情を伴って言ったほうが、彼女たちの感覚に訴えかけられる**んですね。


私は保育園の経営者時代、女性スタッフたちに、**職場で心を開き、信頼関係を築いてもらうために、自己開示ワークの時間を設けていました**。

それは〝グッド&ニュー〟という取り組みです。**最近あった出来事で、自分にとって「良かったこと」「悪かったこと」を、感情を添えて発表してもらう**のです。


仲間内では自然にやっていることだとは思いますが、職場の人の前で、たとえば、

「ちょっと前にFMラジオを聴いていたら、すっごくいい曲がかかっていたんですよ。それで調べたら、Official髭男dismの曲で……。

それから彼らのいろんな曲を聴くようになって、今ではめちゃくちゃ好きで、はまって

図表1　自己開示の種類と順序

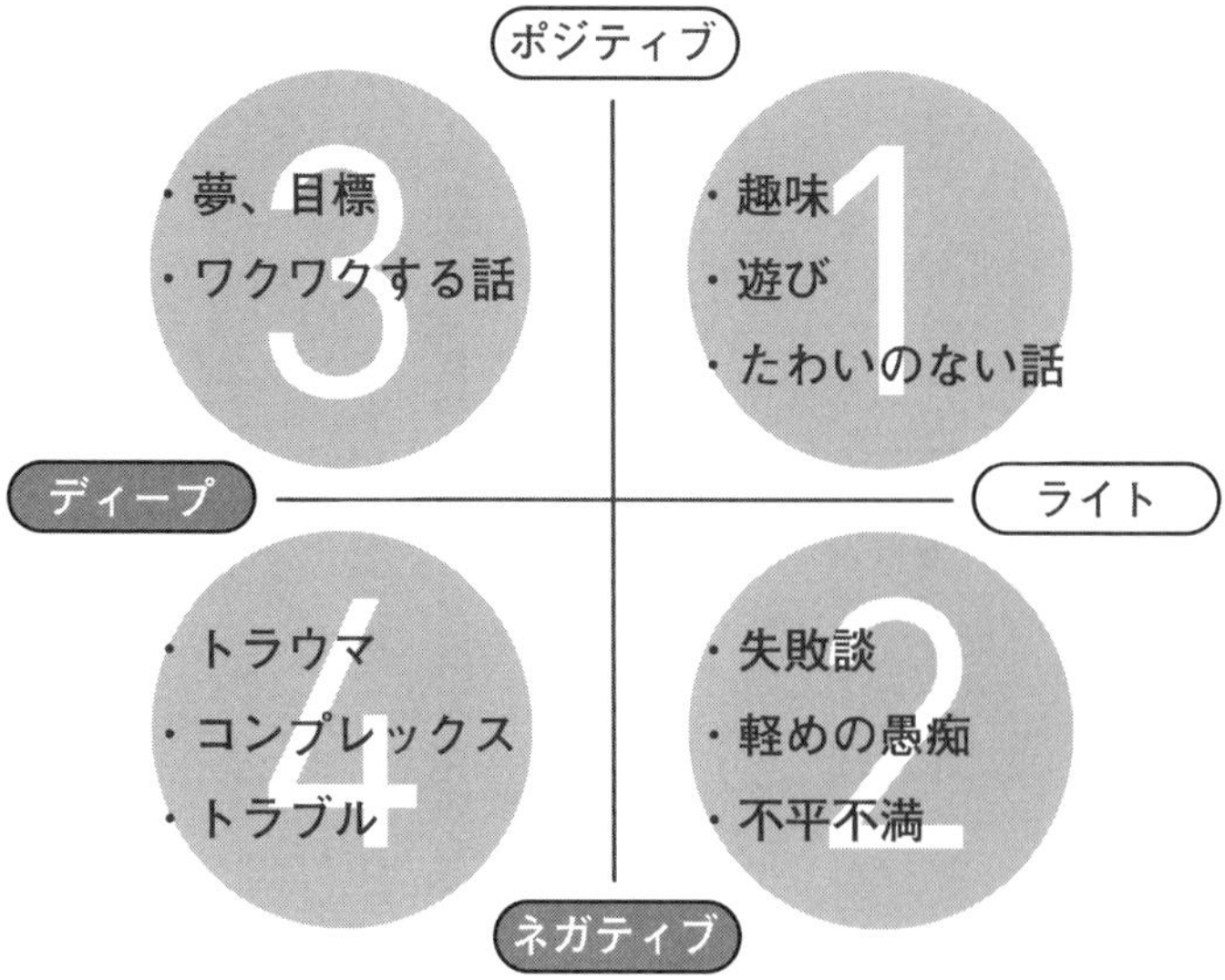

います！」

と話してみる。すると、それを聞いていた人たちにとっても、

「へえ、ヒゲダン！　私も大好きです！　いいですよね〜」

と、**話を受け取りやすくなるし、話題を広げやすくなる**のです。

この**「自己開示」で話す内容の重さ、軽さ**は、図表1を参考に進めていきます。

ここにあるように、

①最初は、軽くて肯定的な内容の趣味、遊び、たわいのない日常の出来事の話題など**（ポジティブ・ライト）**

②失敗談、軽めの愚痴、不平不満など**（ネガ**

ティブ・ライト）

③メンバー同士の関係が深まっていくにつれ、夢、目標、ワクワクする話など**（ポジティブ・ディープ）**

④トラウマ、コンプレックス、トラブルなど**（ネガティブ・ディープ）**

……と、内容を徐々に深めていきます。

これは「自己開示」が進んでいく道筋です。男性は「自己開示」が苦手な傾向にあるので、いきなりディープな話題にいかないように注意したいですね。

この**自己開示ワーク**を続けていくうちに、

「なんだ、職場でこんなことを話しても、大丈夫なんだあ」

と、**ほかのメンバーとざっくばらんな関係になれて、次のステップの職場での「自己表現」につながっていきます。**

これは**みなさんが、この本を読み終わって、女性の部下たちと気軽に話せるような段階になったら、「自己開示」を進めるために、**朝礼などのちょっとした時間を見つけて、次の順番でぜひやってみてください。

①最初に1分間くらい、各メンバーに「今日は何を話すのか」を考えてもらいます。

②考える時間が終わったら、そこから発表の時間です。

リーダーであるあなたから始めて、

「○○さん、昨日は何かニュースや出来事はありました?」

と、メンバーにふっていきます。話す時間が長すぎると、プレッシャーになることもあるので、ひとり1~2分くらいの短いコメントで。昨日あったニュースや出来事に、感情を添えながら発表してもらいます。

③ひとりの話が終わったら、みんな笑顔で拍手。

そうしたひとりずつの発表と一緒に、ほかのメンバーのコメントも自由に出てくると、場の雰囲気もとても明るくなっていいですね。

和気あいあいと、みんなで楽しくやってみましょう。

〈心理的安全性〉の組織づくりの最終目標は？

女性メンバーが自由に「自己表現」できる環境を整える

あなたは、女性メンバーからこんなぼやきを聞いたことはありませんか？

「会議で質問されても、発言したことを誰かに否定されそうで怖い」

「意見を言っても、どうせ通らないんだから、言ってもムダ」

「とりあえずは、まわりの意見に合わせておけばいいや」

とくに女性の場合、会議や打ち合わせなどで意見を求められても、何も言わなくなってしまう傾向が強い。前項につながりますが、要するに**「自己表現」できていない人が多い**んです。私がパワハラ大王と呼ばれていたころの女性スタッフもそうでした。

私はワンマン経営で、独断――つまり鶴のひと声でものごとを決めることが多かったのです。保育園を増やして会社を大きくしていく時期だったので、仕方がない面もありましたが、スタッフからの反発、それも会議などでは私の顔色をうかがって意見を言わず、そのあと陰で愚痴を言っているようなことがよくありました。

あなたの職場ではどうですか？　私のパワハラ大王時代とまではいかなくても、

- 会議で何か意見を言っても、すぐ否定される
- 同じ意見でも、男性や大きな声の人の発言が通りやすい
- すべて多数決で決められている
- トップやリーダーの考え方1つで、積み重ねてきたものがくつがえる

ということが常に起こっていて、**才能がある、あるいは伸びる可能性のある女性の部下が反発したり、やる気をなくしたりしている**ことがあるのではないでしょうか。

では、どうしたら女性が「自己表現」しやすい環境をつくれるのでしょうか。

組織の「自己表現」を活発化する手法として、「図会議法」や「インナーブランディング」がありますが、女性の部下の能力を生かすという観点からすると、まずは何よりもリ

ーダーが、女性たちの発言しやすい環境をつくっていくことです。

私の経験から言うと、女性が会議などの発言の場で最優先しているのは、

「最終的に自分の意見が通ること＝〝受け入れられる〟こと」

ではなく、職場の上司や同僚に、

「自分の意見を聴いてもらうこと＝〝受けとめてもらえる〟こと」

なんですね。つまり、まずは受けとめてもらえる〝安心感〟を組織に求めているわけです。

そのため、リーダーには、次の3点が必要です。

①傾聴　話をきちんと「聴く」態度を示すことで、女性の意見が出やすい雰囲気をつくる

②承認　女性の意見や本音の発言に、常に**〈共感〉の姿勢**を示す。相づちをうちながら「そうなんだね」「なるほどね」と言って聴くと、より効果がある

③意見の違いは問題にしない　自分とは意見が違う場合でも、**女性の意見を「尊重」し、否定していないことを明確に示す**

これは第4章のコミュニケーション力のところで詳しく説明しますが、この3つを実行

することで、女性の「自己表現」はかなり変わってくるはずです。

ただし、ここで注意しなければならないのは、**「でも……」「ただ……」「逆に……」などで始まる否定の言葉**。こういった言葉を使う人は多いですが、相手の男女問わず無意識に押さえつけようとする力が働くので、とくに女性に対してはNG。たとえば、

「こういう企画を考えたんですけど、いかがでしょうか？」

と提案をされたとき、

「でも、こんな企画、意味がないよね（ダメだよね）」

という全否定の答え方をすると、**女性は心を閉じてしまい、成長の芽を摘む**ことになります。場合によっては、ものすごく反抗されることも。だから、

「この企画、読んでみたら、おもしろかったよ」

と、**最初に必ず相手の考えを〝受けとめた〟あとに**、

「それでね、ここなんだけど、もう少し練ったほうがいいかも」

と、**こちらの言うべきことを伝える**。そうすると、女性は積極的に耳を傾けてくれるようになり、そのあとの会話にもリズムが出て、スムーズに進んでいきます。

女性メンバーがリーダーに求めているのは？

自分たちを「受けとめてくれる」安心感

先日、ある知り合いの女性と会ったときに、こんな話をしてくれました。

「仕事量が私のキャパを超えている上に、新人同様の部下の面倒も見なければいけなくて、毎日が辛くって……。その状況を上司に知ってもらいたくて相談したら、『それを乗り越えることで、君はきっと成長できるよ』『待遇は良くしているはずだよね』と、答えになっていない答えばかりで……」

これは、女性のいる職場ではよくあるパターン。彼女の男性上司は、

「女性が仕事の場で、何を求めているのか」

がわかっていないんですね。

彼女が求めているのは、「自己開示」できる環境であり、上司が自分の悩みを受けとめ

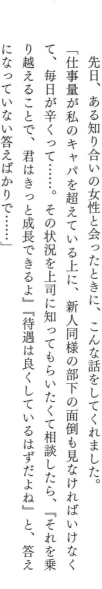

てくれるという安心感。それがあってこそ、切羽詰まっている状況でも改善策を話し合えるものなのに、彼女の場合、このままではいつかパンクしてしまいます。

私自身も、以前は女性の多い職場の中で、

「なんで、こんなことを一方的に話されるのかわからない……」

と思いながら、女性スタッフにも、男性を相手にするときと同じように対応していました。けれども、それではダメなことがわかってからは、リーダーとして彼女たちに歩み寄り、**関係性を構築していくためのスキル**を身につけていきました。

その結果が〈心理的安全性〉の体現につながり、このあと述べる〈信頼サークル〉を体系化する土台になりました。

——ここまでは、女性が能力を発揮できる〈心理的安全性〉を確保した職場づくりのための**基本的な姿勢**について紹介してきましたが、いかがでしたか？

これまでの内容を簡単におさらいしておくと、女性の信頼を得られるリーダーとは、その人自身が〈心理的安全性〉を体現できているということ。

つまり、**リーダー自身が「自己認識」「自己開示」「自己表現」を体現することで、女性たちに安心感のある場を提供でき、彼女たちにもそれを習得してもらうことで、〈心理的安全性〉が整った職場環境をつくれるようになる**のです。

ここに、次の段階に進むためのまとめとして、33頁で述べた6つの特徴を含めた、職場での**〈心理的安全性〉のチェックシート**をあげておきます。

次頁の18項目のうち、あなたの職場でクリアしていると思う項目の□印にチェックを入れてみてください。

もし、できていない項目があったら、このあとの本書の内容を読みながら、クリアしていくようにしていきましょう。

〈心理的安全性〉チェックシート

☐ 職場（チーム）の空気が明るい

☐ チームメンバーの良い点を最低2つ、即座に言える（自己認識）

☐「自己開示」し合える雰囲気がある

☐ 会議などで意見を言いやすい雰囲気がある（自己表現）

☐ 改善点や問題点を指摘し合える

☐ 仕事とプライベートをはっきり分けている

☐ ネガティブな意見でも言える雰囲気がある

☐ 裏方的な役割の人の存在を大切にしている

☐ 互いの行動に感謝やねぎらいの言葉をかけ合えている

☐ ミスやトラブルがあったときにフォローし合えている

☐ 悩んだり困ったりしている人をケアする企業風土がある

☐ メンバーの慶事や誕生日などを祝う習慣がある

☐ “暗黙の了解”といった不明瞭なルールがない

☐ チームメンバーを意図的におとしめるような行動がない

☐ 悪口や陰口を言う人がいない

☐ マウンティングをとろうとする人がいない

☐ 派閥がない

☐ お局様のような人がいない

あなたは女性メンバーに信頼されていますか？

〈信頼サークル〉で自分の〝立ち位置〟を知る

さあ、ここからは、より具体的に、あなたが職場の女性たちと、どれくらい信頼関係を築けているかを見ていきましょう。

そこで登場するのが、**〈信頼サークル〉**――これは、私が保育園の経営者時代、リーダーとしての自分を見つめ直し、組織を根本的に変えていったときに、客観的データを積み重ねてつくった方法です。

職場のリーダーが部下にとってどういう〝立ち位置〟にいるのかを、客観的・俯瞰的に見ていくための指標で、リーダーである自分と、**女性メンバーとの信頼関係の構築状況**を、次の4段階に分けて観察していきます（図表2参照）。

① 信頼外（警戒の壁の外）

② 許容信頼

図表2　信頼サークル

③　一定信頼

④　全幅信頼

①の「信頼外」は女性の部下の〝警戒の壁〟を越えられず、自分が〈信頼サークル〉の外に置かれている状態。

表面上は信頼が得られているように見えても、女性の部下にとっては仕事上、やむを得ず関係している状態で、必要なければ「絶対にかかわりたくない」と思っています。

この位置にいるリーダーは、現状にまったく気づいていないケースが多い。ここではまず、**信頼サークルを囲む〝警戒の壁〟を越えていくこと**が目標となります。

②の**「許容信頼」は、〝警戒の壁〟を越えて、信頼サークルの中には入れているが、「許容」**

のレベルでしかない状態。仕事上はそれなりに信用されているが、それ以外は最低限のかかわりで、女性部下としては「これ以上は入ってこないでください」という関係です。

③の**「一定信頼」は一歩進んで、仕事の必要性がなくてもかかわりをもちたいと考えてくれている関係**。たとえば「週末は何をするの？」という問いにも、「家にいる予定で、暇なんですよ。何かオススメの映画、ありますか？」と、プライベートなことまで話してくれます。この領域に入っていくには、継続的に信頼関係を積み重ねていくことが必要。

④の**「全幅信頼」は〈信頼サークル〉の最終ゴール。ここに至るには、かなりの信頼を得ることが必要**です（次項で説明）。全幅信頼のサークルのまわりには厚く固い壁があって、それを越えるのはとてつもなくむずかしい取り組みです。

次に、信頼サークルの4段階の程度――「信頼外」「許容信頼」「一定信頼」「全幅信頼」のうち、あなたの部下である女性たちにとって、リーダーのあなたがどの位置にいるかを見ていきます。

図表3　信頼サークル位置把握目安表

	信頼外	許容信頼	一定信頼	全幅信頼
まなざし	冷たい	普　通	優しい	温かい・羨望
視　線	合わない	目は合う	目が合う	相手から見てくる
表　情	硬　い	普　通	やわらかい	にこやか
会　話	必要最低限	続けようとする	弾　む	積極的に自己開示する
声のトーン	無機質	普　通	和やか	明るい・高い
近づいたときの反応	拒否反応	戸惑う	違和感がない	相手から近づく

①まずは対象となる女性メンバーを10人（最低5人ぐらい）決めて、Ⓐ～Ⓙのように記号を割り当てます。

②**図表3**にある指標――リーダーであるあなたに対するメンバーたちの「まなざし」「視線」「表情」「会話（の程度）」「声のトーン」「近づいたときの反応」を観察します。

③②のデータをもとに、各メンバーが53頁**図表2**の「信頼外」「許容信頼」「一定信頼」「全幅信頼」のどれに当てはまっているかを決めていきます。

結果にばらつきがある場合（たとえば「許容信頼」が2つで「一定信頼」が4つの場合）は、数の多いほうを選びます。

④次に、③の結果をⒶ～Ⓙのメンバーごと

図表4　女性メンバーのプロッティング

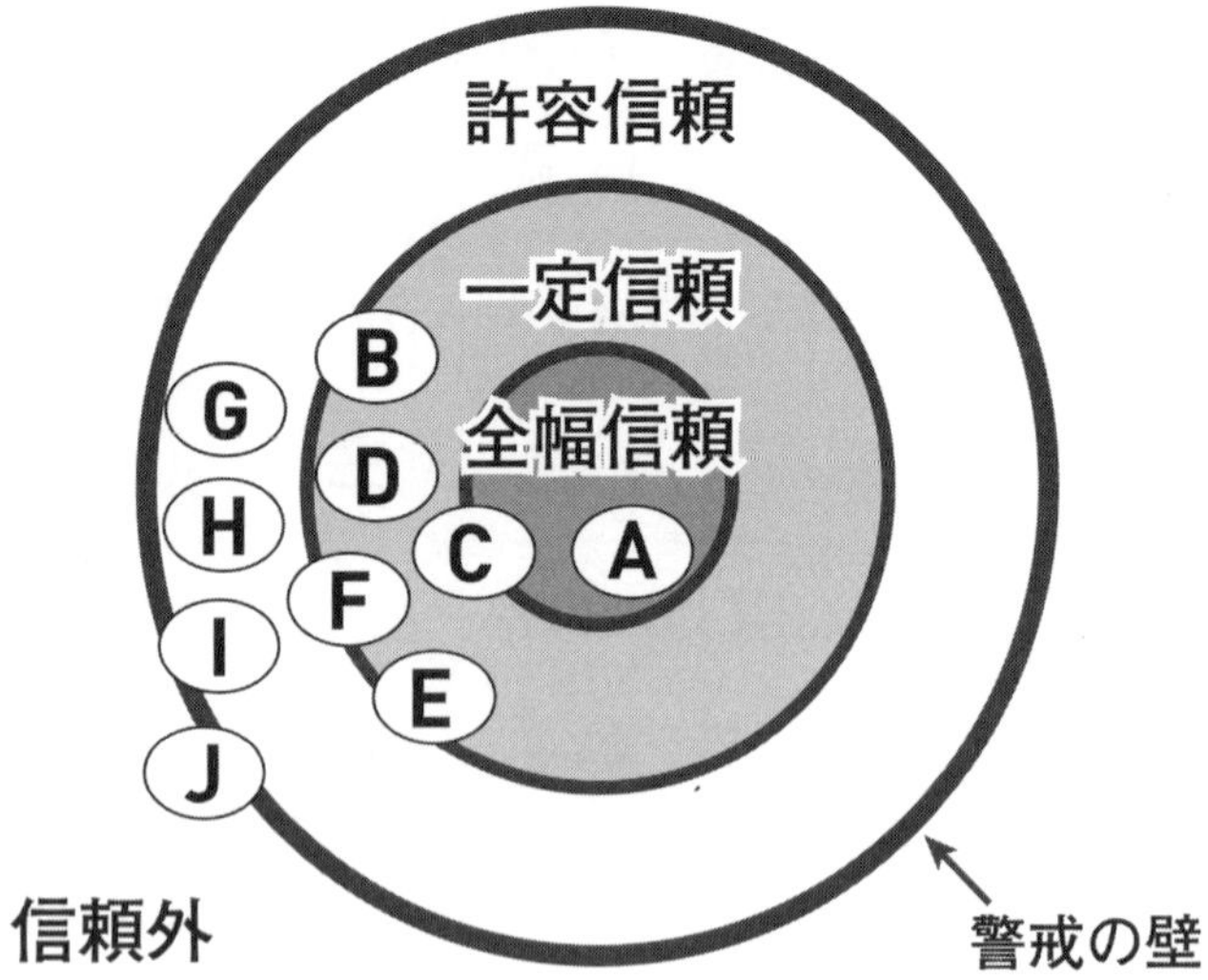

に、図表4の信頼サークルの図に落とし込みます（プロッティング）。そして、自分がリーダーとして各メンバーに対してどの〝立ち位置〟にいるかを確認します。

この取り組みで大事なポイントは、以下のとおりです。

- 1カ月に最低1度は実施し、その結果をメンバーごとにノートに記していく
- 最低6カ月は続ける
- 最初に決めた調査メンバーはあまり変えず、定点観測で変化を見ていく
- リーダーとしての自分の変化に「好意的な反応を示し続ける人」に注目する（この位置にいる人との信頼関係をまず築く）
- 楽しみながらやるようにする（悲観的な思

いでやると、続かない）

――これは多くの男性リーダーに言えることですが、私の場合はとくに、ES診断を受けるまで、女性スタッフたちにあれほど嫌われているとは思ってもいませんでした。むしろ、信頼されているとさえ思っていたのです。

しかし、**〈信頼サークル〉で職場での自分の立ち位置を「視覚化」し、客観的・俯瞰的に見続けていくことで、女性たちの感覚とあまりにもズレていた自分の感覚を修正できるようになり、信頼関係を築けるようになっていきました。**

女性は男性と比べて、自分の考えを言葉では隠せますが、表情や態度にはあらわしがちです。**〈信頼サークル〉はそれを冷静に読み取るスキル**なので、その視点で女性メンバーたちと接していると、

「態度は素っ気ないけど、信頼してくれている」

「愛想はいいけど、あまり良く思っていない」

ということがわかってくるのです。この〈信頼サークル〉のデータを指標に、女性メンバーとの接し方を考えていきましょう。

女性メンバーとの信頼関係はどうつくっていけばいい?

まずは2割の女性にターゲットを絞る

みなさん、〈信頼サークル〉の結果はいかがでしたか?

リーダーとしての〝自分の立ち位置〟を知ることは、「女性の信頼を得て、味方を増やす」という最終目標に向かっていくための、なくてはならない土台。最初は戸惑いがあると思いますが、とにかく目標に向かって続けることです。

ここで、〈信頼サークル〉をさらに先に進めていくための大事なポイントを1つ、明かしましょう。それは、**女性メンバーのうち、まずはどのくらいの人数の割合で信頼関係を築けばいいのか**ということ。私はリーダーたちに**「2対6対2」のメンバー配分**を勧めています。

これは**「2-6-2の法則」**の捉え方をもとにしています。この法則は、ビジネスでた

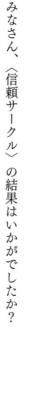

とえるなら「売上げの8割は全顧客の2割が生み出している」という考え方のもとになる統計上の理論を打ち出した「パレートの法則」から派生したと言われる経験則。

パレートの理論で抽出された2割の顧客の構成を見ると、さらに「2対6対2」の割合で「上位」「中位」「下位」の顧客に分かれるというものです。会社などの組織でも、優秀な社員が2割、普通の社員が6割、残りの2割はあまり働きが良くない……というようなことが、言われていますよね。

この「2-6-2の法則」は、女性社員のメンバー構成にも当てはまっていて、リーダーに対して、**肯定的なメンバーは2割、肯定的・否定的のどちらでもないニュートラルメンバーは6割、否定的メンバーは2割に分かれます**（61頁図表5参照）。

メンバー間の力関係としては、肯定的なメンバーの良い影響と否定的メンバーの悪い影響が引っ張り合う状況です。

チームが良くなるか、悪くなるかは、上位と下位の間で中立を保っているニュートラルメンバーが、そのどちらにいくかにかかっているのです。

組織では、リーダーに肯定的な考えの人と否定的な考えの人がいるのは当たり前。大切なのは、「全体最適」としてチームが機能することです。**ニュートラルメンバーを肯定的なメンバーに近づけるためにも、リーダーのあり方は重要**です。

リーダーの賛同者のつくり方のポイントをまとめると、次のようになります。

①肯定的メンバー

〈信頼サークル〉の**「全幅信頼」「一定信頼」**のメンバーがここに入ります。リーダーとしては、最初にこのメンバーを増やすことに全精力を注ぎます。

そのためには〈心理的安全性〉を体現することが必要ですが、まずは第2章で「男女の違い」を知り、第3章から第5章で女性の部下に信頼されるための3つのスキル――「清潔感」「コミュニケーション力」「メンタル力」を身につけていきましょう。

②ニュートラルメンバー

理想としては「一定信頼」、最悪は「許容信頼」のメンバーがここに入ります。このメンバーがリーダーに賛同すれば、職場の雰囲気改革は大成功！

図表5　2対6対2のメンバー構成

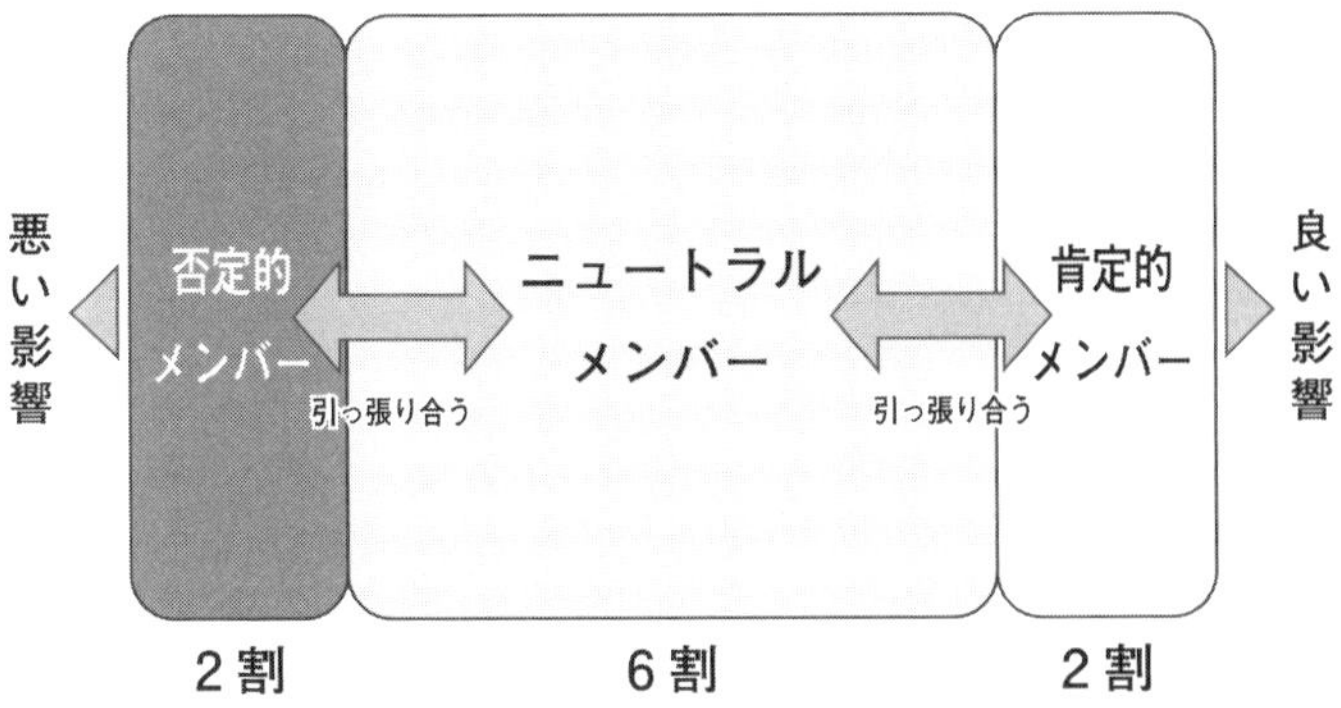

③否定的メンバー

「許容信頼」「信頼外」のメンバーがここに入ります。リーダーとしては、どれだけ成果を出しても、否定的なメンバーが2割はいることを頭に入れておきましょう。

女性に信頼されるリーダーを目指すために欠かすことのできないステップは次の3つ。

①自分の行動を変える
②自分のイメージを変える
③メンバーとの関係性を変える

この道を経て得た信頼には、再現性があるのです。次章では、これらのステップを踏むために知っておきたい、「女性の思考法」についてお話ししていきましょう。

第2章

男女の
違いを知って
女性の思考法を
理解しよう

男女の食い違いはどうして起こるのだろう？

「女性は宇宙人」と言えるほど男性とは別の生き物

「女性は褒めておけば、仕事はうまくまわせるものなんだよ」
なんていう、女性をよくわかっているふうな男性の言葉、たまに聞きますよね。

でも、本当にそうでしょうか？

仕事の場で褒められただけで、本心から快くなんでもやってくれる女性なんて、たとえいるとしても希少でしょうし、何よりも**基本的に男女はわかり合えないもの**。

これはとても残念な話なのですが、男女間には絶望的な溝があって、同じ言葉を使っていても、ただ仕事の話をしているだけでは理解し合えないのです。

それはなぜかというと、話の前提となる価値観がまったく異なるから。前にも述べましたが、男女は生来もっている価値観も役割も違います。職場で女性と信頼関係を築こうと

図表6　歩み寄りの〈共感ポイント〉を探す

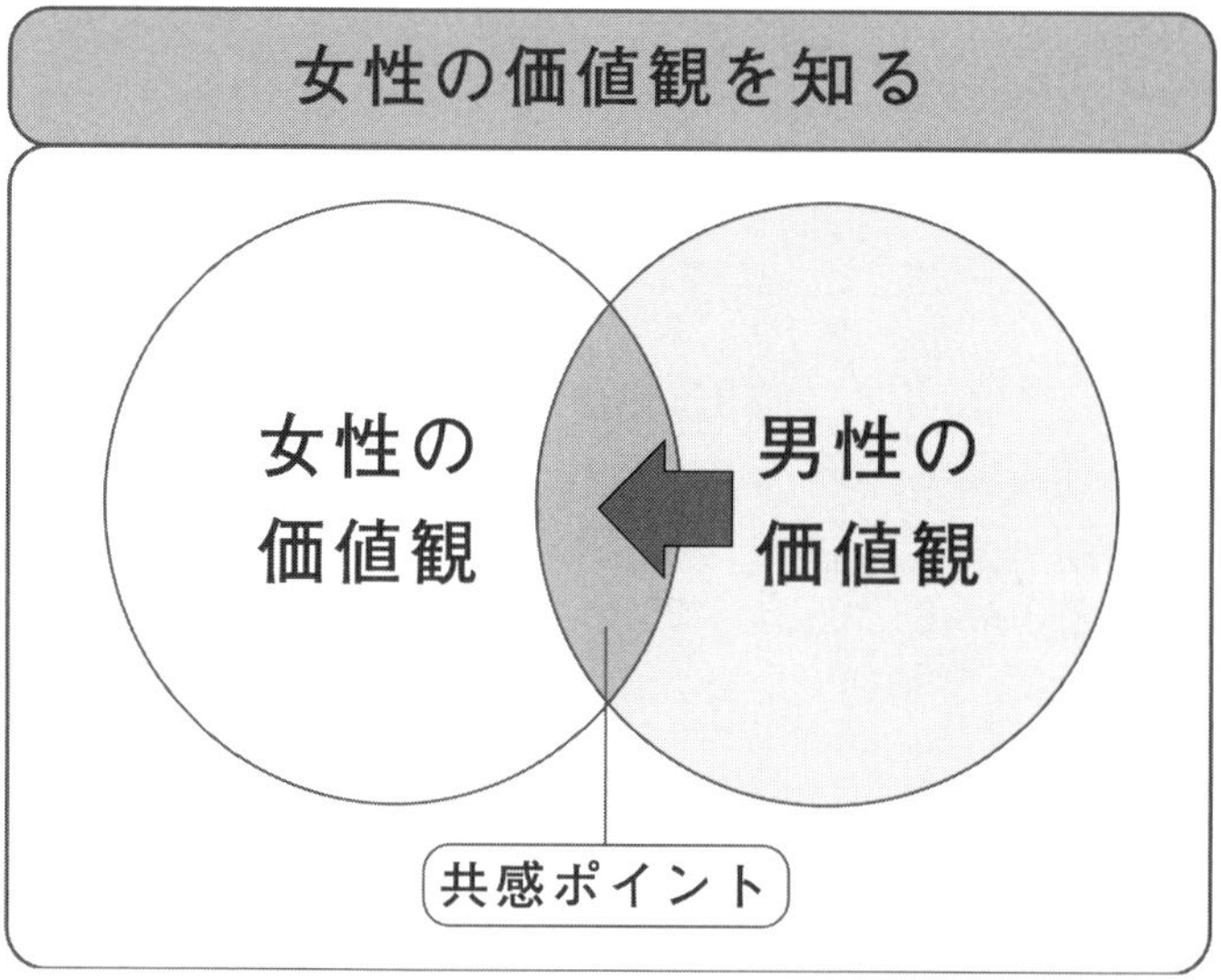

思ったら、**女性は宇宙人と同じくらいまったく別の生き物**と思って接したほうが、ギャップの溝に絶望しなくてすむのです。

その前提の上で、女性それぞれの価値観を知り、男性側から〝歩み寄りの〈共感ポイント〉〟を探す（図表6参照）。〈心理的安全性〉のところでも話しましたが、趣味の話でも、スポーツの話でも、なんでもいいんです。話をしながら、お互いの共通項を探る努力をする。そうすることで、男女は少しずつわかり合えるようになっていきます。

また女性は、**体の面でも男性とはまったく違う生き物**。女性は、生理や月の満ち欠けによってホルモンバランスが変わります。さらに、冷え症やむくみが多いことでもわかるように、男性と比べ、体に水分を溜めやすい。そのため、月の半分は体調が不安定になり、症状が重い人は、ひどい頭痛、腹痛、腰痛、めまいなどのほかに、精神的にも沈みがちになって、ささいなことでイライラするなどの影響が出ます。

男性は経験したことがないので、その辛さがわかっていない。私は多くの男性に、その辛さを二日酔いや更年期、自律神経を崩したときなどにたとえて説明するのですが、ほとんどの人が、そのことを意識したこともないんですね。だから、

「仕事中なのに、なんでそんなにダルそうにしているんだ！」

というようなことを思ってしまう――これは、**男女の大きな食い違いのもと**です。

普段だったら多少強く言っても気にしないような女性でも、不安定な時期だと、傷ついたり、逆に反発したりして、いつまでも心の奥にしっかり刻み込む傾向にあります。

実は私も、パワハラ大王時代はそれがわかっていなかったので、

「体調が悪いなんて、言い訳だろ！　ダラダラしていないで、ちゃんと仕事をしろ！」

ということを平気で言っていました。あとになって、本人に聞いてみると、

「あんなひどい言い方をされても、何も返答できず……、辞めてやろうかと思いました」

とのこと。私は、**女性のことが根本的にわかっていなかった自分**を思い知りました。


リーダーとしての自分を変えてからは、女性スタッフの生理や体調、心理的な変化を考え、声をかけたり、仕事の進め方に配慮したりしました。すると、

「今、実は生理なんですけど、なんとか頑張ってます」

と自分から言ってくれるように。**彼女たちの状況を〈共有〉**できるようになったのです。


「女性の部下の生理を把握していますか?」

という問いに、多くの男性リーダーたちは、

「いやあ、そんなのセクハラになっちゃうから、できないよ」

と答えます。生理などはセンシティブな問題なので、その気持ちはわかります。

しかし、それは**彼女たちときちんと向き合えていないということ。女性に信頼されるリーダーになるためには、こうした男女の違いをきちんと考慮していきたい**ものです。

女性の判断基準の根底には〈マイルール〉がある

女性が多い職場で仕事をしていると、男性としてはなかなか理解できない行動に出る女性が、少なからずいます。


たとえば……これは少し極端な例ですが、私が保育園の経営者時代のこと。

ドクロのイラストが入ったTシャツを着てきた女性スタッフがいたので、

「子どもが相手なので、保育園では、それはちょっとマズいよね」

と言うと、彼女は、

「私にはこれがしっくりくるんです。着られないのなら辞めます」

と言って、本当に保育園を辞めてしまいました。

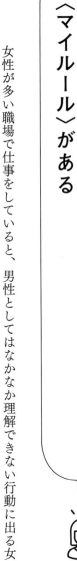

男性からすると、Tシャツのイラスト1つのことで仕事を辞めてしまうのは、とても理解できないこと。しかも、乳幼児の前でドクロとは、常識を外れています。

けれども彼女にとっては、ドクロのTシャツを着ることも、退職することも、

「私がそう思うのだから、それが正解」

ということなのです。

つまり、それが彼女の行動のもとになる**〈マイルール〉**なんですね。

この〈マイルール〉、実は**男性と女性では、まったく別のもの**。

男性の〈マイルール〉は、「社会的な基準やものごとの根拠」を、客観的かつ論理的に見ていくことを最重要視する傾向にあり、自分の感覚によるものは比較的少ない。

それに対し**女性の〈マイルール〉は、自分の感覚が最も重要で、ものごとを主観的かつ感情的に捉える傾向が強い**。

もちろん女性にも、論理的な思考はあるのですが、その根本にはこの〈マイルール〉があるのです。

女性の〈マイルール〉は、そうした〝女性特有の感覚〟をベースに、現実の自分と照らし合わせて、

●「私はこういう人間（存在）であるべきだ」

●「私はこういう環境（世間、家族、職場、学校、友人など）に身を置くべきだ」

という、自分ならではの〝理想像〟が複雑に絡み合ってできているもの。

「今の私はまだ理想の自分ではない」

「だから、こうするべきだ」

という思考が働くのです。

この自分ならではの〝理想像〟は、アンガーマネジメントでいう**〈コアビリーフ〉の概念**に通じています。〈コアビリーフ〉とは、

「人は、知らず知らずのうちに『**こうあるべきだ**』**という理想像をつくりあげ、それに従って生活している**。そうした意識から生まれる『**べき論**』」

のこと。

つまり、**「個人が正しいと思っている信念や価値観」**を言います（参考：日本アンガー

マネジメント協会)。

この「べき論」は、同じ目的や仲間意識をもった集団——たとえば会社や学校などにも存在します。帰属意識の高い日本人としては、納得できるところですね。

人は多かれ少なかれ、この「べき論」にしばられていて、とくに女性は、主観的な意味でその傾向が強いということ。家庭でも、奥さんの旦那さんに対する、

「私はこう決めてやってきたんだから、あなたも同じようにやってよ!」

という言葉、よく聞きますよね。

先にあげたドクロのTシャツの彼女の場合も、これが極端に強く出た一例で、それが〈マイルール〉、ということなのです。

組織のリーダーとしては、仕事の場でも、

「女性メンバーの判断基準の根底には、〈マイルール〉がある」

ということを、まず頭に入れておく必要があります。

〈心理的安全性〉で〈マイルール〉の押しつけを減らす

「なんであの人は、あんな勝手なことをするんだろう?」
「会社で決められていることなのに、彼女はそれに従わない!」
女性の多い職場では、そういう声をたびたび耳にします。

先日も、こんな話を聞きました。

「私の女性の部下が残業中、お母さんの具合が急に悪くなったという連絡が入り、急いでタクシーで実家に見に行って、その足でまた会社に戻ってきたんです。幸いお母さんの具合はたいしたことがなかったようですが、後日、そのときのタクシー代の領収書がまわってきて……。

私が『これは認められないよ』と言うと、彼女は『どうしてですか?』と、食ってかかってきたんですよ。その場はなんとか収まったのですが、そのあとも同じようなことがたびたびあって……」

――彼女にとって、それは〈マイルール〉に従った行動なんですね。

〈マイルール〉と言っても、悪いことばかりではなく、本人や周囲の人にとって良い方向に向かっていけることなら、問題なく受け入れられるもの。

しかし彼女の場合は、会社の決まりごとや常識を無視しているんですね。その上で、「私がこうありたいんだから、会社もそうするべきなんだ」という**〝自分王国のルール〟を通そうとしている**。

多くの女性は、普段は会社の方針や常識に従っています。けれども彼女たちの中では、常に「自分王国のルール＝自分最適」を求めようとする力が働いているので、「会社の方針＝全体最適」に沿えないことも多々出てくるんです。

第2章の〈信頼サークル〉の「位置把握目安」（53頁図表2）の見方をしてみると、**表向きは上司に従っているように見えても、本心は「渋々……」という感じだったり、時にはまわりの人を巻き込んで上司に反旗を翻したり**……ということも起こり得るのです。

こうした仕事での指示・方針へのスタンスの男女の違いを見ると、男性は、立場のある上司や管理職が出す指示や方針には、基本的に従う傾向があるのに対し、**女性の場合は、指示・方針を出す側の立場の違いはあまり気にしないことが多い。**

また、男性は客観的事実や根拠、論理的な整合性があれば納得がいくのですが、**女性は自分の主観や感覚に沿い、〈共感〉できるものでなければ、納得できない傾向にあります。**

領収書の彼女に対しても、多くの女性に対しても、**上司としてやるべきことは、〈共感〉を得るための積み重ね。日頃から女性に歩み寄り、きちんと話を聴くこと**なのです。

領収書のトラブルが起きたときにも、**彼女に向き合ってその主張を聴き、**

「なるほどね、君はそう思っているんだね。お母さんが大変だったしね」

と、**相手の話をきちんと受けとめてから、**

「君はいつも頑張ってくれているしね。私もほかのみんなも、本当に助かってるよ」

と、まわりの人や上司である自分が認めている彼女の頑張りや良いところなど、**彼女自身の価値を伝えます（自己認識）。**そして、

「領収書の件は、会社全体としてはこういう扱いだし、こういう背景もあるから、お金は

出せないということをわかってほしい」と、**こちらの意図を正確に伝えます。**

あとは普段から、職場での様子を見守り、彼女が辛いとき、大変なときに、こちらからケアするようにしていく。そうしていくことで、〈マイルール〉を人や会社に押しつけようとする割合が減ります。

要するに、**女性の部下との信頼関係を日々築いていくことで、「この人の言うことなら、許せる」という、彼女にとっての〈許せるゾーン〉が広がり、〈マイルール〉の押しつけも少なくなっていく**わけです。

ここで少し補足すると、〈マイルール〉の〝自分王国〟とは、自分のためだけの〈心理的安全性〉が整った心地良い環境のこと。女性が職場の同僚やママ友などにマウンティングしたり、家庭で旦那さんにルールをつくったりする行為のもとは、その〝自分王国〟を守るための防衛本能なのです。

女性の地雷を踏まないために知っておくことは?

女性の〈こだわり〉のストライクゾーンは男性の9倍

「私はいつも洋服に合わせて、メイクとか髪型を変えているんですよ。でも、男性の上司からは1日中何も言われない。まったく気づいていないんですよね。たまに言ってくれることもあるんですけど、的外れなことばかり。わかってないんですよ」

女性といると、そんな話が結構出ます。

たとえ女性の変化に気づいていても、

「照れくさいから言えない」

「そんなこと、言ってどうする?」

という男性も中にはいると思いますが、ほとんどの**男性は、よほどの変化じゃない限り、女性の小さな変化や〈細かいこだわり〉には、まったく無頓着**なんですね。

図表7　男性と女性のストライクゾーン

それでも上司としては、彼女たちとコミュニケーションをとらなければと、

「髪型、変えた？」

と、思い切って言ったりする。すると、

「どこが変わったと思います？」

という問いがすぐに返ってきて、

「え？　短くなった？　前は重くて暗い感じだったから、いいんじゃない？」

と焦って答えると、

「長さは全然変えていないんですけど。ほんと、なんにも見ていないんですね。しかも、暗いって……」

と、**褒めたつもりが空振りしまくって逆効果。その上、女性の地雷を踏むことまで言ってしまい、気づいたときには後の祭り……**

と、これに近い経験をしている男性リーダーは多いのではないでしょうか。

それもそのはず。男性と比べて女性には、「美」「かわいさ」「自分が今夢中でやっていること」など、それこそ広いジャンルにわたって細分化された〈こだわり〉があるんです。それを野球でたとえるなら、男性の〈こだわり〉のストライクゾーンが通常の9マスなのに対し、**女性のストライクゾーンは81マスくらいあるイメージ**（前頁図表7参照）。

女性の場合、たとえば、

「松井秀喜に打たれた4球目は、内角高めは高めでも、どのあたりだったんだ？」

と、まるで往年の野村克也監督のスコアラーに対する要求のような、細かーい〈こだわり〉があるわけです。しかも、人によっては81マスの中の、さらに細かいストライクゾーンを狙って球を投げてくるのですから、バットを合わせるこちら側としては至難のわざ。

とはいえ、**女性の味方を増やし、信頼を得るリーダーになるためには**、やはりここは乗り越えたいところ。まずは、放っておいたら男性が気づけない女性たちの外せない〈こだわり〉を知って、**少しずつでも感覚を近づけていくことが大切**です。

だから最初は、至るところに埋められている地雷を踏まないようにするためにも、

「私はこう思うんだよ」

と、あくまでふんわりと、主観で感想を述べるようにする。たとえば、

「すごくいいと思うよ（私はね）」

と言うことから始めるといいですね。場数を踏んで、感覚をつかめてきたら、

「髪型が、すごくふんわりしていて、オシャレだね。かわいいよね」

と言ってみる。そこで女性から、

「ほんとですか？　うれしい！」

と言ってもらえれば大成功。女性の部下が投げた球に、振ったバットがピシャリとはまって、「会心のヒット！」となるわけです。

この微妙なニュアンスをつかむために大事なのは、トレーニングの積み重ね。それでも、空振りすることはあるもの。私も、いまだによく空振りします（笑）。

〈女性の味方を増やし、信頼が得られるリーダー〉を目指して、みなさん、頑張っていきましょう。

問題が起きたとき、女性が過去を引き合いに出すのはなぜ？

女性は負の感情を貯蔵する〝心のタンク〟をもっている

「夫婦ゲンカのとき、奥さんが、以前僕がやったことをすぐにゴチャゴチャと蒸し返してくるんだよ。そんな昔のこと、もう覚えてないし、今更なんでそんな話をしてくるのか、ほんと、理解できない」

なんていう話、よくありますよね。


こうした感情の記憶について言うと、実は男性と女性とでは大きく異なります。

男性は、人間関係の感情を伴う記憶に関しては、ほとんど〝ザル〟状態。過去の感情を記憶していることは、まったくないとは言えませんが、大部分がザルを通すように流れていってしまうのです。

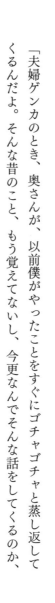

それに反して**女性は、感情の記憶をその時々の出来事とセットで溜めておく〝心のタンク〟をもっていて、ポジティブ、ネガティブ、両方の感情を保存しておけます。しかも、その保存年数が長くて、男性としては驚くくらい過去にさかのぼれる**んですね。

つまり、どんな昔のことでも、人との関係の中で起きたことを、そのとき自分が受けた感情のまま、みずみずしい状態でタンクに溜めておけるのです。

だから、夫婦ゲンカなどで言い争いなどをしたときには、男性としては忘れてしまっているような出来事を、女性は怒りとともにタンクから噴出させてしまうのです。ちょっと怖いですよね。

この〝心のタンク〟に満たされた水は、

「今日は1日、幸せだったなあ。久しぶりに友だちと会えたし……」

と、**良いことやニーズが満たされることがあれば、浄化されます**が、

「ああ、まったく！　またあの上司に理不尽なことで怒鳴られた……」

と、**悪いこと＝傷ついたこと、落ち込んだこと、悲しかったこと、怒りを感じたことなど**

があれば、濁ってしまいます。そしてこの悪い感情は、タンクの底に沈殿していきます。

要するに、女性は、この〝心のタンク〟の水がきれいで、情緒が安定しているときは何も問題ないのですが、**水が濁っている情緒不安定なとき――夫婦ゲンカや職場での激しい意見の食い違いなどのとき――には、底に沈殿させていた過去の悪い感情を、一気に噴出してしまう**のです。

たとえば、妊娠中でつわりがひどいときに、嘔吐していたら、

「汚いから、僕が見えないところでやって」

と言った夫の言葉や、子育てが忙しい妻の目を盗んで浮気をしていたこと、また職場でも、パワハラ大王のような上司が、理不尽に怒鳴りつけてきたというような、過去に起きた重い出来事から軽い出来事までもが、何かネガティブなことがあった瞬間に、ドッと吹き出してくるわけです。

では、この水が濁っている微妙なときに、男性として一番言ってはいけないＮＧワードはなんでしょうか？

それは、この話の最初にも出てきた、

「そんな昔のことを……」

という言葉。**女性は常に感情の鮮度を保っているので、たとえ過去のことでも「昔のこと」とは認知しにくい**んですね。だからこの言葉は、負の感情を一層悪化させてしまう。

そのことを知らずに、

「そんな昔のことを言ってどうするんだ！　おまえのほうがひどいことをしているだろ！」

と、負の感情で対抗すると……、**今まで培ってきた信頼関係が、一気に崩れかねません。**

時間をかけて積み重ねてきた関係であればあるほど、失う痛手は大きいのです。

そうした事態を防ぐためには、このあとこの本でも扱っていくように、

● 女性のさまざまなあり方を、受容できるメンタルを磨く
● いつも感謝やねぎらいの言葉を欠かさない
● 常に開かれた態度で女性の話を聴き、気持ちを発散してもらう
● ネガティブな感情に対しても、しっかり受けとめる

といったことを心に留めて、実行していくといいでしょう。

ワーク　男性と女性の価値基準の違いを知る—価値基準ワーク

ここでちょっとひと休みして、〈6つの価値観ワード〉のワークをやってみましょう。

【問】次の6つの価値観の中で、あなたがしっくりくるものを2つ選んでください。

貢献　まわりに貢献したい、役に立ちたい、必要とされたい

愛情　愛し愛されたい、仲間に所属したい、家族など大切な人を守りたい

自由　束縛されたくない、心理的・経済的な解放がほしい、人生に自由を求めたい

成長　自分を高めたい、新しいことをしたい、挑戦したい

安心　健康で長生きしたい、安全な場所で安心して過ごしたい

正義　ステータス・権力・権限がほしい、認められたい、評価されたい、出世したい

いかがですか？

男性は、「貢献」「成長」「正義」を選ぶ人が多く、
女性は一般のほぼ8～9割の人が、「愛情」「安心」を選ぶ傾向にあります。
「自由」は男性と女性の中間的な位置にあります。

このワークからも、今の男性社会の中で、男女の生きる前提条件がまったく違うことがわかります。

男性は社会的に認められ、競争に勝ち抜くことに価値を置き、女性は愛されること、安心できることに価値を置く。

だから、女性は職場にも、

「愛情がもてる気心の知れた仲間と、安心して働ける環境」を求めている傾向が強い、ということです。

男性は「競争」、女性は〈共生〉を職場に求める

職場では、上司が部下のモチベーションを上げるために、「君はもっと上を目指さなきゃダメだ。人との競争に勝つためには、今、目の前にある仕事に集中して、それをやり遂げて、さらに成長していく必要がある」ということをたびたび言います。

前頁のワークにもあったとおり、男性はやはり、今の社会の中での「貢献」「成長」「正義」を目指して、「競争」することが大事なんですね。

要するに、**男性は「勝ちたい」「上に行きたい」「議論したい」という思いが強い傾向にある。**それがモチベーションになって、仕事に邁進するのです。

男性は、本能的に子どものころからその傾向があって、少年から成人男性のバイブルとも言われたマンガ雑誌『週刊少年ジャンプ』（集英社）を例にあげても、仲間と一緒に切磋琢磨しながら競い合い、勝利を得る「友情」「努力」「勝利」が全体のテーマ。

みなさんも雑誌にかじりついて読んだ経験があると思いますが、大ヒットした『DRAGON BALL』（ドラゴンボール）や『SLAM DUNK』（スラムダンク）、『ONE PIECE』（ワンピース）などは、その代表的な作品です。

一方、**女性はそうした「競争」を求める男性、とくに上司の言葉には、まったくピンときていないことが多い**のです。それもそのはず。84頁のワークでもおわかりのように、職場でも女性にとって大事なのは、**「安心」「愛情」**。

子どものときから常に「競争」を求められてきた男性に対し、赤ちゃんのころから「かわいい」存在として、〝ありのまま〟の姿を肯定的に捉えられてきた女性は、社会人になっても、**「楽しく働きたい」「心穏やかに過ごしたい」**という欲求が最優先される傾向にあります。

だから、よくある男性上司のハッパをかけるような言葉にも、「……?」と、感じることが多い。つまり、**女性は「競争」を好まず、〈共生〉を求めているということ**。男性と女性では、仕事におけるスタンスが違うんですね。このギャップは大きい。

では、女性にとっての〈共生〉とは、どのような状態を言うのでしょうか。

——それは、次の2点が整った状態です。

①〈心理的安全性〉を感じられる価値観をもった仲間や企業風土が存在する
②〈心理的安全性〉を感じられる環境を維持する条件が整っている

①は、第1章でも説明したように、〈心理的安全性〉の「自己認識」「自己開示」「自己表現」ができる**仲間がいて、働いている人が尊重され、「長く働きたい」と思える風土やルールがある状態**。

とくに「上司や同僚からのハラスメントがないこと」が大切になります。

②は、**会社や団体の経営基盤が安定していて福利厚生**が整っていること。また**ライフワークバランス**——やりがいや充実感をもって働きながら、家庭や地域生活などでも、多様

な生き方が選択・実現できる状態——も大切な要素です。

私は保育園の経営者時代、女性スタッフたちに向けて「会社は従業員にどのような体験・価値を提供すればいいいだろうか？」というアンケートをとったところ、

1位　感謝し合う（言葉で伝える）
2位　働きやすい環境（職員の仲が良く話しやすい。出勤が嫌にならないなど）
3位　会社の安定（潰れない会社）
4位　安心できる環境
5位　明確なルール、判断基準

という項目が上位を占めていました。この結果を見ても、女性は〈共生〉を求めていることがわかります。

これは、「女性の仕事に対する意欲が低い」ということではなく、**現実問題として、彼女たちは自分たちの本質とはまったく異なる環境で働いているということ。**

男性リーダーはそのことを理解し、女性社員も居心地良く仕事ができるような環境を提供することを常に意識し、ケアしていくことが大切です。

女性の言う「かわいい」の意味が理解できない！

「かわいい」は女性の〈共感力〉を示す魔法の言葉

これは、先日会ったある男性の話です。

「女性って、よく『かわいい』って言いますよね。私には、どう見てもかわいいとは思えないものにまで、『かわいい』を使う。

そこらへんにあるノート、鉛筆、カップ……、場合によっては、テレビに出てくるおじさんの姿にだって『かわいい！』なんですよ。しかも、すぐ横にいる私にまで、『これ、かわいいと思いません？』と同意を求めてくる。私としては、どう答えたらいいものやら、わけがわかりません」

――お気持ち、お察しします（笑）。

要するに男性は、エビデンスのある「かわいい」と定義されたものや、具体的な存在

〈子どもや動物、女性など〉のことしか、そう思えないんですね。言葉を換えれば、**はっきりした根拠や客観的な指標がなければ、「かわいい」とは言わないもの（＝部分的な〈共感〉）**。

それに対して**女性は、「かわいい」を、主観に基づく〝総合的な〈共感〉〟として、日常的に使っています。対象への〈共感〉、承認、あこがれ、ときめき、愛着、嫉妬など、たくさんの感情や意図が含まれた「かわいい」は、女性の〝生き方〟をあらわしている**のです。

この「かわいい」を言うときの感覚を、男性の言葉でたとえると……、「すごい」という言葉を使うときと、少し近い感じでしょうか。

●女性は、**「かわいい」**と言うことで、自分の主観＝自分の生き方を認めてもらえることがうれしい。
●男性は、客観的な事実や根拠に基づいた**「すごい」**を認めてもらえることがうれしい。

こういう視点で見ると、男性も「すごい」という言葉をよく使いますよね。

また、女性の「かわいい」は、

「自分の中で一番の〈こだわりポイント〉＝〝自分の生き方〟」

を体現している言葉なので、それを否定することは女性の地雷を踏む行為。

「かわいくないですか？」

という問いかけは、

「私の生き方はどうですか？」

「（私の人生観が詰まった）これはどうですか？」

という問いかけと同じなんですね。だからその答えは、女性の〝生き方〟を肯定する、

「そうだね、かわいいね」

の一択しかないのです。

女性たちをまとめるリーダーとしては、この**「かわいい」に〈共感〉できるようにならないと、信頼を得るのはむずかしい**んですね。彼女たちから、

「これ、かわいくないですか？」

と、〈共感〉を求められることは、それだけ相手から信頼を得ている証し。

普段使い慣れない男性にとっては、少々高いハードルですが、大事なのは**自分が「かわいい」と思うことではなく、女性の部下に〈共感〉を示すこと。**そう思って、使いこなせるようになりたいものです。

私も30代半ばごろまでは「かわいい」と言ったことは人生のトータルで10回くらいしかありません。だから、初めはとても抵抗がありました。それでも意を決して、園児や女性スタッフたちと、

「園長先生、これ見て～、かわいいね」

「うん、そうだねえ、かわいいね～」

と、**何度も何度もやりとり**しているうちに、自然と言葉が出るようになりました。とはいえ最初は、血ヘドを吐く思いでしたが（笑）。

ここでの習得のヒケツは、**女性の味方を増やすための最重要スキル**だと思うこと。普段からまわりの人を「かわいいね」と褒めたり、誰かの「かわいいね」に便乗して「そうだねえ、かわいいねえ」と言ってみたりしながら、自然に言えるクセをつけましょう。

女性をマネジメントするヒケツは？

頭からの否定は厳禁。まずは肯定から始める

みなさんは職場で、女性の部下に対して仕事の評価をしているときに、ピンときていない表情をされたり、反発を感じているような様子をされたりした経験はありませんか？

「わかりましたか？」

と問いかけてみても、「はい」という返事は返ってくるものの、どうも釈然としない感じがして、こちらとしては、

「私の言った意図が、きちんと伝わっているんだろうか？」

と思ったりしますよね。

男性の部下に対してだと、たとえば、

「この企画書は、これじゃ、ちょっと通らないな。もう1度、最初からやり直せ」

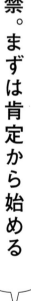

と、ズバリ否定から入っても、
「どこが悪いんでしょうか？」
というやりとりになるケースがほとんど。でも、女性の場合はそうはいかず、何か時間が止まってしまったようになるケースが多いのです。

それは、「女性が内容を理解できていないから」ということではありません。これまでも述べてきたように、重要な価値観として〈共感〉の姿勢を相手に求めているから。そのため、とくに**頭ごなしの否定には敏感**です。心の耳を閉ざしてしまい、たとえ聞いているフリをしていても、それ以降の上司の言葉を一切受け付けなくなる傾向にあります。

そうした状態では、何を言っても女性の心には響きません。

だから、こうした仕事上のやりとりでは、まずは**女性の行動や意見を〝肯定する〟ことから始めるのが、リーダーの必須スキル**。

とはいえ、安易な同調も、次の理由で逆効果。

① 建前と本音が透けて見えて、嫌がられる

②自分がない人だと思われて、低く見られる
③共感してほしいが、同調してほしいわけではない場合もある
③のケースは、男性にとってはちょっとややこしい感覚。たとえて言うならば、2人で行ったレストランでメニューを選ぶとき、「私が選んだ料理は褒めてもらいたいけど、同じ料理をあなたに選んでほしくない」という、女性ならではの感覚なんですね。

それゆえ、**女性の話はまずは「受けとめる」。全面的に肯定・共感するときは「受け入れる」、そうでないときは「受け返す」という対応の使い分け**が必要です。

女性の仕事への対応方法は、次のとおりです。

●受け入れる　意図・目的に対して「共感・承認」
内容・手法に対して「共感・承認」
対応としては全肯定
言い方↓「そうなんだね。私もそう思う」

●受け返す　意図・目的に対して「共感・承認」

内容・手法に対して「代案・否定」（価値観などは肯定して代案を出しておき、内容・手法に関しては否定的な対応をとる）
言い方↓「そうなんだね。私はこう思う」

私も以前は、企画書の指摘でも、「趣旨がわかりにくいし、内容があまい！」というような言い方をしていました。しかし今なら、たとえば、

●「企画を確認したよ。内容に光るものがあって、いいね」**【受けとめる】**

●右の【受けとめる】の返答＋**「趣旨をわかりやすくして、内容を深掘りすると、さらに良くなると思うよ。なので、企画書を修正してもらえる？」【受け返す】**

という答え方をします。

日々の仕事では、**部下への丁寧な対応をすることが大切**。そうやって個人個人への丁寧な対応を〝見える化〟することで、リーダーとしての価値も上がり、信頼関係も築きやすくなるのです。

押さえておきたい〈違和感サイン〉〈ポジティブサイン〉

男女の価値観の違いを知ることは、女性と仕事をしていく上での大きなポイント。
「どうして女性の部下って、こうなんだろう？」と感じていたことが、この章で少なからず解決できたのではないかと思います。
章の最後に、女性の部下との対応で気をつけたいサインをあげておきましょう。

■女性の違和感（ネガティブ）サインの主な例

①無言になる
②視線をそらす。目を伏せる
③少し困ったような顔になる。表情がくもる
④「そうですかあ（そうかなあ）」と、疑問の含まれた発言をする

⑤話の途中で、髪やアクセサリーなどを触る

■女性のポジティブサインの主な例

①上司が話していることにうなずく
②「そうなんです」など、肯定の言葉が出る
③声のテンションや声量が上がる
④目をまっすぐ見て話す
⑤真顔になったり、興奮した表情になったりする
⑥耳にかかった髪を上げたりしながら話す

第3章、第4章、第5章では、いよいよ**女性メンバーから信頼を得るための具体的な方法に入ります。テーマは、「清潔感」「コミュニケーション力」「メンタル力」**です。

第3章

外見・雰囲気で女性の部下の信頼を得る

「清潔感」を磨く

外見・雰囲気を変えていくためのポイントは？

まずは女性の〈まあ許せるゾーン〉に注目する

前の章までは、男女の大きな違いと、女性の部下の信頼を得るための考え方・方法を中心に述べてきましたが、いかがでしたか？　これまで女性の部下に対してもっていた考え方や対応の仕方が、大分変わったのではないでしょうか？

さあ、ここからは実際に、女性からの信頼を得られるリーダーになるためのスキルを学んでいきます。ここで、そのために把握しておかなければならないポイントを1つ言っておきましょう。それは、

彼女たちの〈許せるゾーン〉を広げていくこと。

この〈許せるゾーン〉とは、第2章の70頁に出てきたアンガーマネジメントの〈コアビ

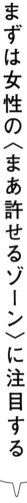

リーフ〉の概念につながっていて、**それぞれの女性がもつ〈マイルール〉の基準の中で、「この人なら、許せるな」と思える範囲＝ゾーンのこと**（参考：日本アンガーマネジメント協会）。

身近な例をあげると、仕事で午前11時に待ち合わせをしているのに、10分過ぎても相手があらわれない場合。そのときの許容範囲として、

● 10分遅刻されても大丈夫。**許せる**
● 10分くらいだったら、**まあ許せる**
● 10分の遅刻なんて、**許せない**

といった基準がありますよね。

この基準は、待っている人によっても違いますし、遅れてくる相手の人柄や、**その人との関係性によっても変わってくる**もの。

〈信頼サークル〉のところにも出てきましたが、私たち男性は、女性に、**「この人の行動なら、まあ、許せるな」**

という〈まあ許せる〉あたりのゾーンを広げてもらう、あるいはそのゾーンに入れてもらえる関係性を築く必要があるのです。

女性の「こうあるべき」という理想や願望、譲れない価値観の範囲を、少しだけ広げてもらって、信頼関係を築きやすくするわけです。

そこで最初に登場するのが、**「清潔感のある外見・雰囲気」を獲得するためのスキル。**

女性は、細かい〈こだわり〉があることでもわかるように、男性と比べて感性の鋭い存在。**生理的に良い印象をもてない人に対しては、「もう、無理！」ということで、信頼できない**傾向にあります。

つまり、そう判断されてしまえば、上司としては女性の部下と、真の意味での信頼関係を結ぶのはむずかしいということ。

だから、女性の部下たちの〈まあ許せるゾーン〉に入れるように、「外見・雰囲気」を変えていくことは、とても大事なこと。そのためのステップは、次の3段階です。

①まずは自分の今の外見・雰囲気がどうあるのかを見つめ直し、それを女性の〈許せるゾーン〉に寄せていくことで、自分自身のあり方を変えるきっかけをつくる。

←

②女性の〈まあ許せるゾーン〉に外見・雰囲気を寄せていけば、まわりの人の自分に対する評価やイメージが変わっていく。

←

③自分のイメージの変化が職場での部下との関係性の変化につながり、それを実感することで自分自身のモチベーションも上がり、さらなる自己変革に進んでいける。

余談になりますが、米国のテキサス大学の発表では、「容姿・外見」の良い人は、地位・報酬が高いという結果も出ているほど。容姿を変えるのにはいろいろな壁がありますが、「外見・雰囲気」は今すぐにでも変えられるのです。

女性が思う「清潔感のある男性」とは？

女性の好むイメージは〝中性的な清潔感〟

「私は毎日お風呂に入っていますし、朝に髪を整えて、ヒゲを剃って、歯も朝晩きちんと磨いていますしね。スーツやワイシャツなどは、シワやシミもついていないし。ツメは定期的に切っていますし……。清潔感はあるほうですよ」

と、世の中年以上の男性は、みんな思っていますよね。

物理的にキレイにして、いつもビシッとしているから、清潔感がある。要するに、**これまでの男性を中心にしたビジネス社会に適応した考え方**なんですね。

いろいろな会社を見ていると、つくづく思いますが、中年以上の男性の大方は、

「仕事なんだから、清潔感は必要だが、あくまでも最低限」

と考えている人がとても多い。

では、女性から見た「清潔感のある男性」とは、どんなイメージでしょうか？

それは、物理的な清潔さは当然として、

「全身から漂う雰囲気が清潔で、その清潔感から、どこか中性的なイメージを感じさせられる人」。

今の20代、30代半ばまでの男性は、こういうイメージの人がわりと多いですね。

芸能人で言えば、女性にも男性にも人気のある俳優の堺雅人さんや、ミュージシャン兼俳優でもある福山雅治さんなど。彼らは40代、50代の今でもとても若々しく、全身に清潔感が漂っていて、どこか中性的なイメージがあります。

竹野内豊さんや反町隆史さんも、以前2人で共演していたドラマでは、男っぽいイメージがありましたが、今、テレビなどで拝見すると、清潔な中性的イメージが出てきていますね。

彼らは俳優なので容姿も整っていますが、それだけでなく、立ち居振る舞いが颯爽としていて、さりげないしぐさや笑顔、そして語り口が爽やか。多少きわどい内容の話でも、女性も一緒に「フフフ」と笑える雰囲気がつくれるんですね。

今の**時代が、中性的な清潔さを求める女性の感覚や価値観を尊重しているのだと思います**。この現象は、世界的な潮流でもあるようです。

ちょっと話が横道にそれますが、芸能人の不倫騒動でも、女性に人気の高い「清潔感＋中性的イメージ」のある俳優さんやタレントさんに対しては、世間からのバッシングが強いですよね。一方、中性的イメージが少ないタイプの芸人さんなどは、同じ不倫をしても、すぐに芸能活動に復帰して、あまり叩かれない傾向にあります。おもしろいですね。

また、**今はビジネス界においても、清潔感がないと仕事の評価が下がる時代**。たとえば、ビジネスで成功している女性たちは、キレイで清潔感があることを仕事のスキルの1つと考えていて、そのための努力を怠りません。

最近は男性についても、この考え方が浸透し始めていて、能力があっても、清潔感がないだけで、評価が下がってしまうという、以前だったらウソのような傾向があります。社会全体が、女性の価値観にだんだん近づいてきているんですね。

私も以前はそうだったのですが、**男性は女性に〝違和感〟をもたれているのに、それに気づいていない人が多い。**

女性は、自分たちがいるところに異物が混ざると、それこそものすごい集中力で排除しようとします。そうなってしまえば、女性の部下とのコミュニケーションも、信頼関係もすべて成立しなくなってしまいます。

だから、そのことに気づくためにも、**清潔感に関して、男性が自ら考えていることと、女性が男性に求めていることとは、月と太陽くらいに違う**ということを、きちんと認識する必要があります。

すべてのスタートは、そこからです。

外見を変えていくのには、ものすごく抵抗がある！

コンプレックスは〝中性的ソフト路線〟で和らげる

こうして男性の身につけるべき外見・雰囲気について話をすると、

「清潔感って言ったって、僕は体型はスッとしていないし、服装には無頓着でダサいほうだし……、イメージがほど遠いから、無理だよ」

と呟く声が、聞こえてきそうです。

コンプレックスがあるから、清潔感のある雰囲気を身につけるのは無理、ということですよね。これは、多くの男性が抱えているメンタルブロック。

でも、**そのことに気づいているということは、あなたはすでに、清潔感を身につけるための過程を半分乗り越えているということ。**

それだけ自分のことを見つめ、理解している、ということなのです。

あとは、そのコンプレックスを言い訳にせず、自分を変えていくだけ。

私も、以前はコンプレックスの塊でした。

序章でも述べたように、そもそも男性社会の中で育った私は、見かけも態度も、女性が好む「清潔感があって、中性的でソフトなイメージ」とはかけ離れた存在。その上、「女性が好むタイプなんて、なよなよしていて男らしくない。俺がなるなんて、冗談じゃない！」

と、固く思っていました。**まわりに対しても自分自身に対しても、当時の自分を変えることに、恥ずかしさがあった**んですね。

それでも、**会社の状況が状況だったので、女性の感性に近づこうと、自分を変えることに決めた**のです。そこで、自分の中身も変えつつ、**一番取り入れやすい、外見や雰囲気をまず初めに変えていくことに**。

とはいえ、男性としては、**どこを目指して変えていくのか**がわからない……。

そこで私は、先にあげた男性俳優などがもっている、**〝中性的要素〟に注目**してみたのです。中性的な雰囲気ならば、自分に無理をせず、抵抗なく取り入れていける。

つまり、**それまでの男っぽかった雰囲気から自然に、女性と調和できるような中性的ソフト路線に変化させていく（中和）。そのことで、コンプレックスも和らいでいったん**です。それでもまかなえない部分は、筋トレをするなど、さまざまなやり方を加えていきました**（補填）**。

そうして、「自分を変えていく！」という気持ちの前に立ちふさがっていた、精神的なハードル（コンプレックス）も低くなっていったのです。

私が、自分のコンプレックスをどう変えていったのかを、簡単に紹介すると、次のとおりです。

●目つきが鋭い・キツネ目…メガネで目の鋭さやキツさを**中和**
●太りやすい体型………体型に合った服装で**中和**。定期的な筋トレで**補填**

● 顔がむくみやすい・丸顔…美顔ローラーを使用したり、定期的にマッサージに通ったりすることで**補填**

● 顔の表情が硬い…………意識的に笑顔をつくっていくことで**中和**

これらの〝中性的ソフト路線〟を実行していくことで、自分に自信がもてるようになり、それが**自己変革へのモチベーション**となっていきました。

自分のコンプレックスと向き合っていくことは、多くの男性にとっては、
「面倒くさいなあ……」
と思ってしまいがちな取り組み。それでもこれは、女性なら誰もがやっていること。

彼女たちの感覚や労力を、自分自身で実際に体験して知るということだけでも、意味があることなのです。ぜひ、トライしましょう！

清潔感で一番注意したいのはどんなところ？

嫌なニオイがあるだけで、すべての努力は水の泡

清潔感で一番の指標になるのは、やっぱり、嫌なニオイ。

女性に男性のニオイについて聞いてみると、ほとんどの人が「気になる」と答えています。日常の通勤電車やバスの中、職場のビルのエレベーター、会議室など、さまざまな場所で、嫌なニオイを感じ取っているようです。

それだけ**男性は、自分のニオイにも、それに対する女性の反応にも気づいていない人が多い**のです。

株式会社マンダムによる「職場の身だしなみとニオイに関する意識調査」（調査時期：2014年5月　対象：25～49歳の働く男女〈男性567名、女性550名〉　調査エリア：東京・大阪　方法：インターネットリサーチ　図表8）では、職場の同僚の「どうに

図表8　職場の身だしなみで「どうにかしてほしいこと」

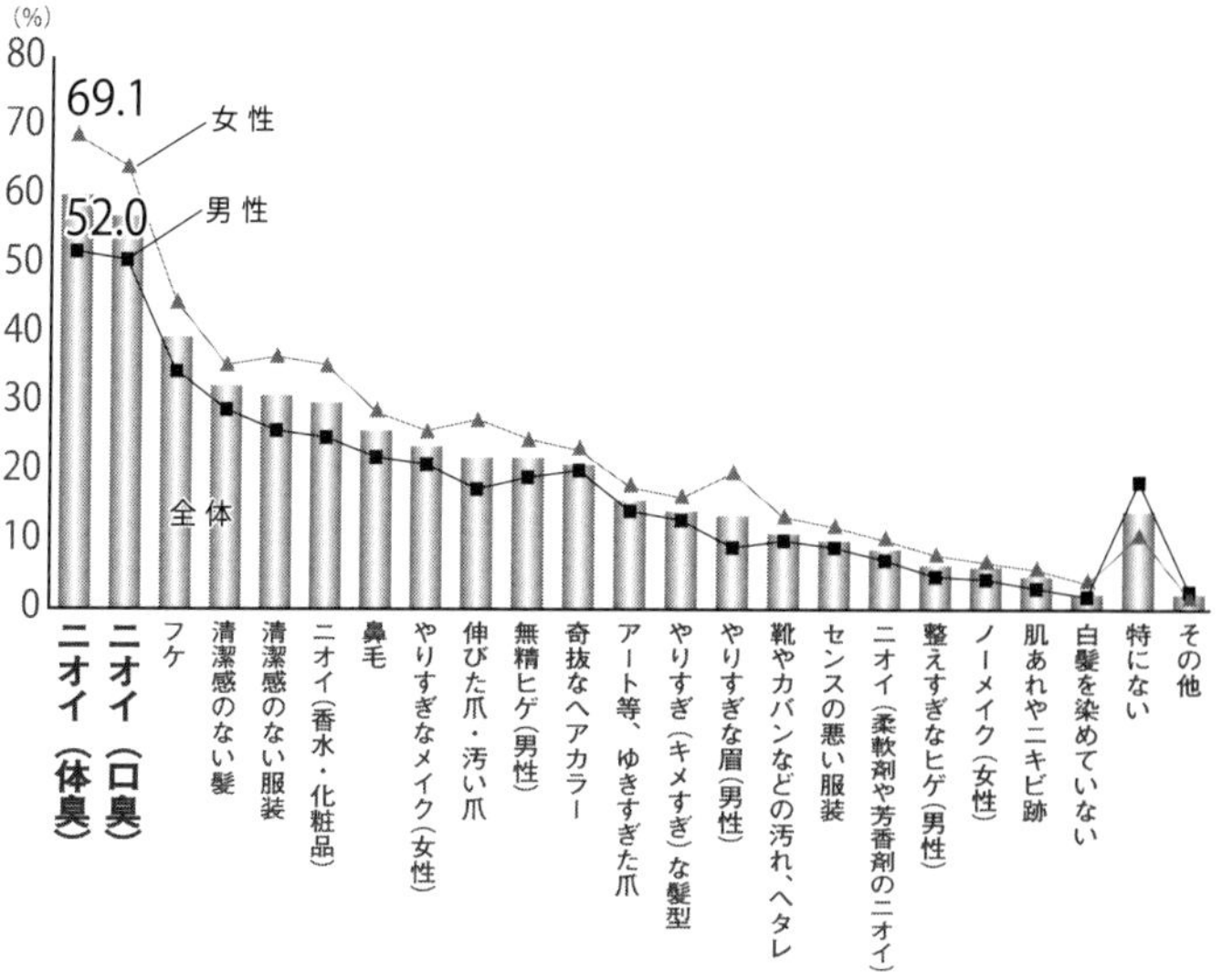

かしてほしい」身だしなみの第1位はニオイ（体臭）。そこでも、ニオイを1位にあげているのが男性は52・0%なのに対し、女性は69・1%と、より厳しく同僚を評価しているようです。見た目より何よりも、やっぱりニオイのケアが大事なんですね。

不快なニオイの中でも、女性がとくに気になるのは「体臭」。汗のニオイもそうですが、**40歳を過ぎると出るという「加齢臭」は最大の敵**。雰囲気もよくて、才能もあって……と、なんでもそろっている人でも、「加齢臭」があれば、一撃でアウト！　すべて台無しです。

私も心してかかっていますが、40代以上の男性には、自分では気づかなくても、ニオイを出しているという前提でケアをするようにアドバイスしています。

この「加齢臭」の原因物質と言われるノネナールは、こびりついたしつこい皮脂汚れとして耳の裏や首の後ろ、肩などの毛穴に溜まっているやっかいなもの。**体を十分に洗う必要があるだけでなく、ニオイの皮脂汚れが着ているワイシャツやスーツなどにも移るので、要注意**です。

私がやってみて、みなさんにオススメしている加齢臭・体臭対策は次の5点です。

①加齢臭や体臭専用のサプリや洗剤、ボディシャンプーを利用する
②運動することで汗をかき、新陳代謝を高める
③添加物加工食品や揚げ物などの食事を減らす
④重曹入浴剤や天然塩（バスソルト）を入れたお風呂に週に2回以上浸かる
⑤体臭の専門医に診てもらう
⑥市販の体臭チェッカーで、毎日体臭をチェックする

④の重曹入浴剤入りのお風呂は、手軽に気持ち良くできる方法なので、とくにオススメです。重曹が皮脂汚れを取って、ニオイも出にくくしてくれるんですね。私は3、4年使っていますが、体臭がほとんどなくなりました。**気になる足のニオイにも効きます。**

そして、**次に気になるニオイは、「口臭」**。

先のマンダムの調査でも2位にあがっていますが、「口臭」も、当の本人がまったく気づいていないケースが多いですね。会議や打ち合わせでも、気になる人が結構います。

しかも「体臭」と同じく、そのことを本人には言いにくいから、まわりとしては、なんともしがたい。ただ顔を背けるだけです。本人もそのことを知ったら、とてもショックなはずですよね。やはり、**「ニオイ」に関しては、誰もが基本的に「自分にも絶対にある」と考えて、ケアしていくように心がけたい**ものです。

「口臭」のケアとして、私がオススメしているのは次の6点です。

①歯科医で虫歯や歯周病などの治療をする（月1回程度の定期的メンテナンスも）
②天然塩などで歯磨きをする。歯間ブラシを活用する
③オーガニックの口臭ケア液を活用する
④市販の口臭チェッカーで口臭を毎日チェックする
⑤タバコの本数を減らすか、やめる
⑥コーヒーなどのカフェイン入り飲料を減らすか、やめる

イメージを変える一番効果的な方法は？

印象を決めるのは、やっぱりヘアスタイル

人は、名前をよく知らない人のことを話すとき、こういう言い方をたびたびします。
「ああ、あの五分刈りで、ちょっと怖そうな感じの人のことですね」
「髪にウェーブのかかった、優しい雰囲気の人、いましたよね？」

つまりヘアスタイルは、それほど人に強いインパクトを与えているということ。人の第一印象は、ヘアスタイルによって決まると言ってもいいくらいなのです。

だからもし、あなたが**これまでの自分を変えて、清潔感のあるソフトなイメージにしていこうと思うのなら、まずは思い切って、ヘアスタイルを変えることから始めましょう。**

それだけで、あなたのイメージは変わっていきます。

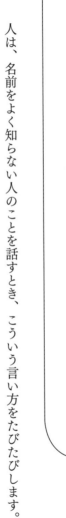

実は私も、自分を変えようと思ってからは、半分実験的ではありましたが、ヘアスタイルを変えてきました。パワハラ大王だったころは男っぽい短髪だったのですが、女性の感覚を理解したいと思うようになってからは、ツーブロックやパーマをかけることなども。

それだけで、**女性たちの反応は、驚くほど良くなりました**。女性はやっぱり、ヘアスタイルに時間とお金を使っているだけあって、人の髪型もよく見ているんですね。

また、そのことが、私自身のマインドブロックを外し、

「これならば、自分は変わっていける」

という自信にもなって、その後の行動のモチベーションにつながっていきました。

理容室に通っている男性は多いと思いますが、**中性的でソフトな清潔感を出すのなら、やはり女性のヘアスタイルを専門に扱ってきた美容室**。

「美容室は、女性が多くて……。敷居が高くて、行きにくい」

と思っている人もいるようですが、最近は男性も当たり前のように通っていますし、ほとんどのお店が予約制なので、気遣いはいりません。

「初めて美容室に来たので、慣れていなくて」

と言っておけば、彼らはきちんと対応してくれます。ネットで良さそうなところを探して、まずは予約を入れてみましょう。料金は理容室よりちょっとかさみますが、**髪に関してはイメージ代と捉えて、惜しまないでいきたい**もの。

トライしたいヘアスタイルについても、担当者に、

「清潔感のある、ソフト路線でいきたいんです」

と言えば、そのイメージを共有するためにも、いろいろと相談に乗ってくれます。

具体的に、たとえば、多くの女性から清潔感が高いと言われている俳優の向井理さんや竹内涼真さん、ミュージシャン&俳優の星野源さんなどを例にあげておくと、わかりやすいでしょう。

この美容室については、**実は結構な数の女性が、ヘアスタイルの満足度や、担当の美容師さんと感覚が合うか合わないかで、お店を変えている**もの。多くの男性のように、

「家の近くにあるお店だから」

という感覚ではないのです。

最近の美容室と理容室の違いは、技術の質や、旬の傾向をいち早く取り入れているかどうかということもあります。でも、何よりも違うのは、**通い続けているうちに、良い美容師であれば、客のヘアスタイルの好みだけでなく、大げさに言えば人生観——職業、今いる環境、趣味などを含めた総合的な人物傾向を見てくれる**こと。

だから、客であるこちら側としては、

「中性的な、女性に受けるヘアスタイルで」

と、ほかの場所だったら、人に聞かれてちょっと恥ずかしくなるようなことを言っても、なんの問題もないのです。

また、髪の毛のお手入れも毎日欠かせないもの。シャンプー、コンディショナー、ヘアクリームなどを使うのはもちろん、地肌にも気をつけて、フケが出ない清潔な状態を保ちましょう。

たかが髪の毛、されど髪の毛。とにかく、ここから行動してみましょう。

女性がキレイにしてほしいのは、男性のどこ？

実は女性が気にしているのはツメとムダ毛

仕事では、書類やパソコンを扱うことが多いので、人に手元を見せることが多いですね。昔から、「手のキレイな男性はモテる」と言われていますが、**そこで女性が一番気になるのは、男性の手の指とツメ**。

女性はとくにツメに関しては、とても深い〈こだわり〉をもっていて、みなさん、ものすごくキレイに手入れしています。

今では当たり前になっているようですが、ネイルサロンに通う人も多く、それこそ「かわいい」彩りをほどこすために、月数万円もかけている人がいるほど。

職場でも、時々女性のほうに目をやると、仕事の合間にジッと指先をながめているシーン、見かけますよね。

彼女たちは、キレイで「かわいい」自分のツメを見ているだけで、それこそ幸せな気持ちになって、テンションが上がるらしいのです。

それに比べて男性は、ツメを切ることはしても、手入れはおざなりにしがち。**ガサガサしていて黒ずんだ指と汚れたツメは、もれなく女性の嫌悪感を引き起こします。**

実は女性は、男性の指先を鋭くチェックしていて、その状態を見ただけで、

「この人は、きっとこんな人」

と、判断してしまう人もいるほど。

私はその対策として、毎日手の甲や指にあかぎれやひび割れなどがないか、ツメに光沢はあるか、ツメのまわりの状態は大丈夫か……と、手とツメをチェックしています。**清潔感ということだけでなく、健康面から考えても、これは役に立ちます。**

とくにツメに関しては、週に2、3回、先の白い部分がなくなるくらいまで切って、**ツ**

メやすりで磨いています。ツメの専用オイルも市販されているので、状態がひどい場合は、使うといいでしょう。

そうやってツメや手先をキレイにすることで、まわりの女性からも、「キレイにお手入れしていますね」と言われるようになりました。それだけツメは、女性が〈こだわる〉ポイントであるということ。そのことで、会話も弾んでいきます。

また、**女性が「生理的に受け付けないもの」としてよく話題にあがるのが、男性のムダ毛。**それもそのはず。女性の場合、ほとんど必要のない人も中にはいますが、多くが人知れず、全身のムダ毛処理に時間と費用と労力を費やしているのです。

最近の若い男性は、半ズボンを履いている姿を見ても、スネ毛がない人が多いですね。**それだけ清潔感に対する意識が高く、その状態が常識になっている**ということ。

中年以上の男性は、あそこまではやらないにしても、**職場で人目につく腕や指の脱毛処**

理はやっておいたほうがいいでしょう。

ドラッグストアでも、家で手軽にできる男性用の除毛クリームが販売されていますし、とくに毛深い人は脱毛専門のメンズエステもありますので、思い当たる人はぜひトライしてみてください。

そしてヒゲも、ムダ毛とは言わないかもしれませんが、清潔感という観点からすると、ちょっと考えもの。

女性の部下と信頼関係をつくっていくためには、**不潔に見える無精ヒゲはもちろんのこと、おしゃれとしてはやしているヒゲであっても、特別な〈こだわり〉がない限りは剃ったほうがいい**でしょう。

眉毛や鼻毛のお手入れも、定期的に必ずやっておきたいですね。

清潔感のある顔の印象はどうつくればいい？

顔の清潔感は肌のキレイさと白い歯が決め手

顔の肌については、女性の中にはものすごく厳しい評価をする人がいます。それは、他人の肌に関しても同じ。

以前、私が訪れた会社でのこと。私が会う約束をしていた男性を待っていると、その彼が部屋に入ってきたとたんに、そばにいた若い女性社員が、

「うわっ、おじさんが来た」

と呟いて、顔の表情をくもらせたんです。私が「なんだろう？」と思ってあとで聞くと、

「○○さん、肌がひどく荒れているから、なんだか嫌なんです」

とのこと……。

これは彼女の、**「肌はキレイであるべきだ」という〈こだわり〉があっての反応**だったとは思うのですが、**女性は一般的に、この傾向が強い**のです。

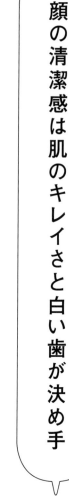

自分の肌についても、女性特有のホルモンバランスや体調、年齢などが直接影響するので、「荒れているところはないか」「調子はどうか」と、毎日厳しくチェックしています。

そして敏感肌や乾燥肌、脂性の肌、年齢肌など、肌のコンディションに合わせて基礎化粧品も、洗顔料、化粧水、美容液、クリーム、パック、その他美白化粧品など、数え切れないほどの商品を、何度も何度も試しながら、変えながら、使っているんですね。

その上、メイクアップ化粧品も、自分の個性に合わせ、膨大な商品の中から選んでいるのですから、それだけ**大きな労力と時間とお金がかかっている**わけです。これは男性にとっては、なかなか想像できないこと。

つまり**女性は、それだけ肌を自分の大事な一部と考えているということ**です。だから、他人に対する評価も厳しくなるのですね。

しかも、**私たち男性が清潔感のある中性的な男性像を目指すとなると、ツルンとしてキレイな肌は必須**と考えるべきでしょう。

そこで男性が気をつけたいのは、にきび（ふきでもの）、シミ、肌荒れ、乾燥肌など。毎日の洗顔を怠らず、男性用基礎化粧品も市販されているので、化粧水や乳液、美容液、クリームなどでのメンテナスはもちろんのこと、にきびや肌荒れ、乾燥肌などの場合は、早めに皮膚科にかかりましょう。また、顔のむくみは美顔ローラーを使用したり、定期的にフェイシャルエステに通って顔マッサージをしたりするのをオススメします。

女性は、毎日の肌のお手入れを欠かしません。男性の手入れは、メイクアップは必要なく、女性よりシンプルなのですから、基本的なケアだと思ってやっていくことです。

普段の生活でも、自分の習慣を振り返り、

- アルコールや刺激物の摂取を抑える
- タバコの本数を抑えるか禁煙してしまう
- 運動することで汗をかき、新陳代謝を高める
- サプリメントや水素水などをとる

といったことを心がけ、中性的な肌の質感づくりを目指しましょう。その姿勢があるだけでも、変わってくるはずです。

そして、**女性の多い職場では、〝笑顔とセット〟で歯の清潔感も重要な要素。**

オフィスでも女性たちは、毎日昼休みの最後にきちんと歯を磨いていますよね。男性は

人前に出る機会の多い人以外は、歯のことを気にする人が少ないようですが、女性は大人になってからも歯列矯正をする人がいるくらい、キレイな歯に〈こだわり〉があります。

私の場合は、以前から虫歯が多かったので、歯のメンテナンスをするようになりました。まずは歯茎のメンテナンスをやって、それが終わったあとは、ホワイトニングと、月1回くらいのクリーニングを今でもしています。

私は以前、タバコを吸っていたので、ちょっと歯が黄色かったんです。ホワイトニングだと、それが白くなり、ニオイもなくなるので、男性のみなさんにオススメです。

仕事のときも、女性は話をしている相手の口元を、よく見ています。顔の肌のこともそうですが、自分が〈こだわり〉をもっているものに対しては、本当にチェックが厳しい。

そんなときに**汚い歯が見えたら、幻滅されてしまいます**。中性的イメージどころの話ではなくなりますよね。

清潔感のある白い歯ののぞく爽やかな笑顔を見せるためにも、歯は、毎日しっかりメンテナンスしていきたいものです。

ポイントはシンプル＋親しみやすさ＆かわいい

最近、多くのビジネスマンとお会いしていて思うのは、
「残念だな……」
と感じるケースが多いこと。ヘアスタイルなどの印象も、もちろんありますが、全体的に清潔感が足りていないのです。

その理由は、スーツのシルエットがキレイではないこと。みなさん、それぞれこだわりの服を着ているとは思いますが、サイズが微妙に合っていなかったり、上着やパンツの丈や袖が長めだったり……と、体にフィットしていない人が多く見受けられます。

私が日頃お世話になっているプロのイメージコンサルタントのアドバイスによると、**女**

性が多い職場で人に清潔感を与えるファッションの第一のポイントは、「自分の体型に合ったシルエットのスーツを選ぶこと」。

これは、女性の感性からすると、当然のこと。ファッションに対する彼女たちの〈こだわり〉からもおわかりのとおり、男性に対しても厳しい目で見ています。

それに反して多くの男性の場合は、スーツ選びのときに、ちょっと安易に、「吊しものでも、ブランド品のスーツであればいいだろう」と考えがち。ブランド品でなくても、**オーダーやセミオーダーで、シルエットを重視したものをつくるほうがいい**ということです。

オーダーやセミオーダーを一番にオススメする理由は、専門のフィッターさんがいて、その時々の流行や体型やサイズに合わせて、自分に合ったスーツをつくってくれること。たとえ太った体型であっても、スッキリ見えるものをつくってくれます。

「そんなことは重々承知だけれど、値段が高い」

と言う人もいるでしょう。私は以前は、都民・県民共済の加入者が利用できる、お手頃価格の紳士服店をよく利用していました。デパートの3分の1の価格で、生地素材の良いイージーオーダーのスーツがつくれます（各地のお店の情報は、地元の都民・県民共済に、ネットか電話で確認してください）。

どうしても吊しものがいいという場合は、サイズ直しなどで、自分にフィットしたシルエットにするのはもちろんのこと、TOMORROWLAND（トゥモローランド）などの

〝シンプルで親しみやすいデザイン〟を選ぶといいでしょう。

男性の多い仕事の現場では、ダンヒルやエルメネジルド・ゼニアなどのダンディで重厚感のあるタイプのスーツが好まれますが、相手が女性の場合は、

「近寄りがたい」

という印象をもたれることもあります。

また、独特なデザインだと好みが分かれるので、まずは女性から生理的に拒否されることを避けるためにも、シンプルで親しみやすいデザインのスーツがオススメです。

清潔感のあるファッションの第二のポイントは、

「シンプルで派手にならない色使い」。

色使いはむずかしいので、プロのカラーコーディネーターに頼みたいところ。それが無理な場合は、基本的には奇抜でない青やグレーなどのスーツに白いワイシャツなど、清潔感のあるコーディネートを心がけましょう。

清潔感を意識したファッションの第三のポイントは、「ビシッとシワのない服装でいること」。

アイロンがけはもちろんのこと、クリーニングにも頻繁に出しましょう。これは消臭効果の意味でも大切。ビジネスマンとしては当たり前の心がまえですね。

そしてもう1つ、女性たちとのコミュニケーションに欠かせないポイントとしてあげたいのは、**ファッションアイテムの小物**。

女性はブランドものが好きです。そこで私の場合は女性たちに、

「かわいい！　それ、どこのブランドですか？」

と、〈共感〉してもらえる小物を選ぶようにしています。なかでも、**パッと目につきやす**

いハイブランドものは効果的。プラダ、エルメス、ルイ・ヴィトン、シャネルなどは、女性に人気があります。

たとえば、私がもっていて**一番反応があるのが、プラダのスマホケース。**これを仕事場で使っていると、必ずと言っていいほど、

「そのスマホケース、かわいいですね～」

と、女性から声がかかります。**それだけ〈共感ポイント〉を得られているということ**で、そのあとの会話も弾みます。

時計やバッグ、ステーショナリー類などすべてをブランドものにしている人もいますが、そこまでしなくても、**1点ものとして、先にあげたスマホケースをハイブランドのものにする**というのでいいと思います。

ファッション小物の場合、あまり派手な色だと女性の嫌悪感を誘うこともあるので、色に迷ったときは、黒を選ぶことをオススメします。

あとは、**女性が好む香りの香水。**香水に関しては、男性はつけない人が多いですが、こ

こで少しだけふれておくと——男性は、グリーン系、ウッディ系、スパイシー系などを好む傾向がありますが、**女性は柑橘系、フローラル系を好む人が多い**ですね。

中性的な清潔感を身につけるには、そうした**男女の好む香りの違いも知っておきたい**ところです。

男性がこうした中性的な清潔感を求めて自分を変えていくことは、本当に大変なこと。でもこれは、それこそ女性が多くの時間と労力を費やしている「かわいい」づくりの、ほんの一部の行程にすぎません。

要は、**私たち男性は、そのことを知るために、「女性との〈共感ポイント〉を探していくことが大事」ということなのです。**

清潔感チェックシート

あなたはどのくらい清潔感に取り組めていますか？

第3章のまとめとして、ここでみなさんの清潔感をチェックしてみましょう。

この項目を**定期的に1つひとつチェックするだけで、女性の部下からの信頼を得るための「清潔感」を意識できるようになります。**

少なくとも1週間に1度は、次の清潔感チェックシートで□印にチェックをして、実行できていない項目があれば、できるようにトライしていきましょう。

清潔感チェックシート

①ニオイ

□ 加齢臭・体臭（汗、足のニオイなど）はないか、毎日チェックしていますか？

□ 加齢臭・体臭対策をしていますか？

□ 口臭対策はきちんとしていますか？　毎日のオーラルケアをしていますか？

②髪の毛

□ 中性的なヘアスタイルにトライしてみましたか？

□ 美容室にトライしましたか？

□ 髪の毛や地肌の手入れを毎日していますか？　フケなどはありませんか？

③ツメ・指

□ ツメと指を毎日チェックしていますか？　伸びたり、汚くなったりしていませんか？

□ ツメ専用やすりなどで、ツメを定期的に磨いていますか？

④ムダ毛

□ 指や腕などに生えたムダ毛を処理していますか？

□ 無精ヒゲなどをキレイに剃っていますか？

□ 眉や鼻毛の手入れをしていますか？

← 次頁へ続く

⑤肌

□ 顔の肌の手入れを毎日していますか？

□ 肌が荒れているときに、皮膚科にきちんと通っていますか？

⑥歯

□ 虫歯や歯周病の治療、定期的な検診などで歯の健康を守っていますか？

□ 毎日の生活で白い歯対策をしていますか？

□ ホワイトニングにトライしましたか？

⑦服装

□ 服（スーツなど）を新調するときは、体型にフィットした、シンプルで親しみやすいものを意識して購入していますか？

□ セミオーダーやオーダ―のスーツにトライしましたか？

□ スーツなどのクリーニングは、十分にしていますか？

⑧ファッションアイテム

□ 女性の〈共感〉を得やすいブランドアイテムを何か加えてみましたか？

第 4 章

〈共感力〉で女性の部下の信頼を得る

「コミュニケーション力」を磨く

女性の会話は〈共感〉と〈発散〉で成り立っている

「職場の女性たちと信頼関係を築くには、まずはコミュニケーション！」と意気込んでみたものの、多くの男性がつまずいてしまうのが、彼女たちとの会話。

出だしは結構うまくいっていたはずなのに、どんどん展開されていく話に、あっという間についていけなくなって、途中退場……。そんな経験はありませんか？

きっとありますよね——それもそのはず、**男性と女性とでは、会話に求めるゴールがまったく違う**のです。たとえば、ダイエットの話だと、男性の場合、

A「実は、先月からダイエットを始めたんだよ。米やパンなどの炭水化物をとらなくなったら、5キロ痩せたよ」

B「へえ。でも、食事制限は続かないだろ。外食のとき、どうするんだ？　やっぱり痩せ

図表9　男性は会話がタテ展開

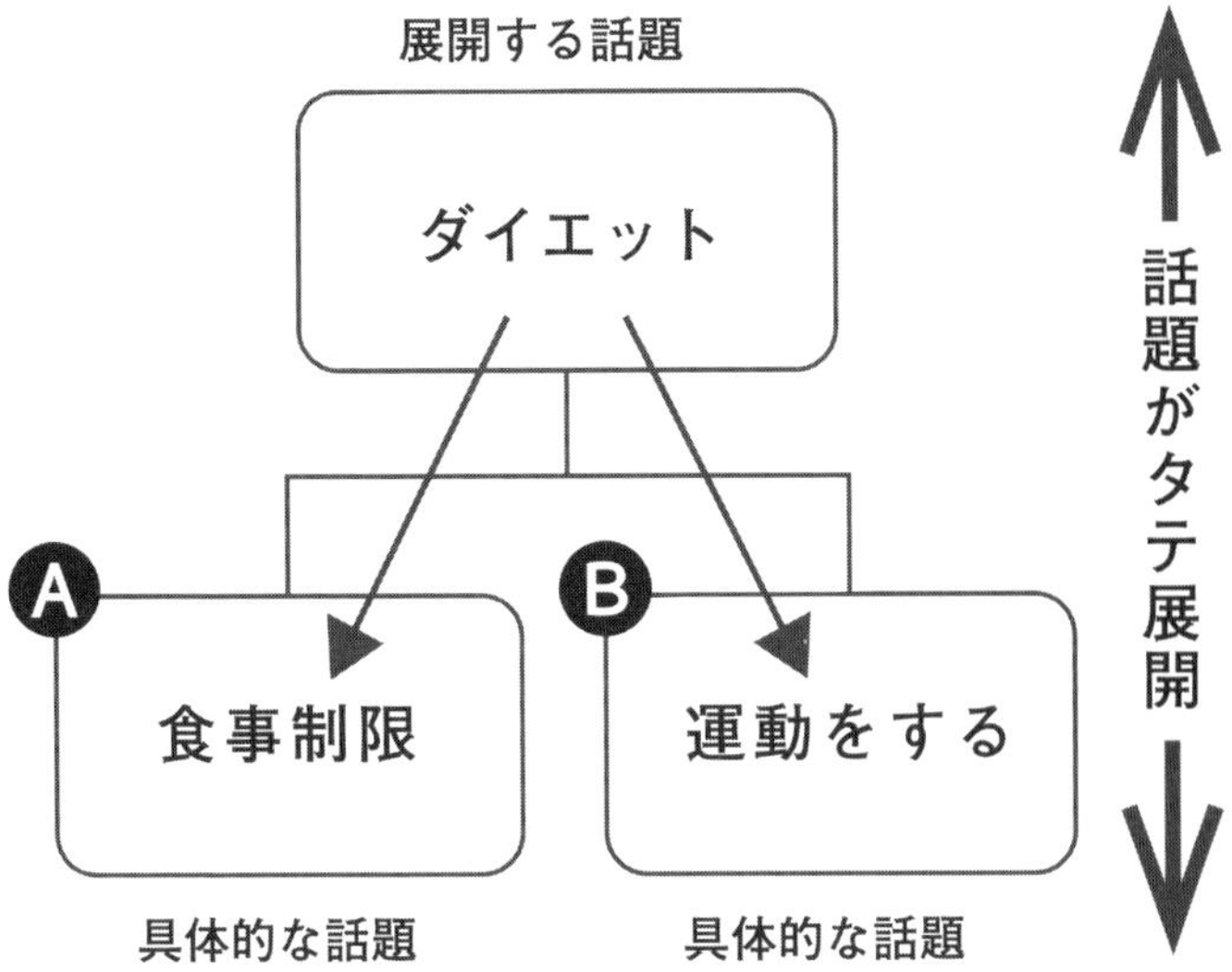

るには、運動をして汗をかいて、新陳代謝を高めるのが一番だよ」

A「いやいや、忙しくて時間がないから、運動こそ僕には続かないよ。もともとご飯や間食をとりすぎていたので、食事制限でダイエットする必要があったんだ」

B「ふうん。炭水化物の制限か……。具体的にはどんなふうにやってるの?」

と、各々がメリットやデメリットの意見を出し合いながら会話が進んでいき、結論を導いて終わる、ということが多いものです。

要するに、ダイエットという話の「前提」があって、そこからAさん、Bさんそれぞれの「客観的な理由」やその「結論」を求めて話が展開されていくわけです。あくまでも、

前提となる話題を論理的に掘り下げていく会話で、基本的に答えは1つ。男性の会話のスタイルは「タテ展開」です（前頁図表9参照）。

一方、女性の場合は、

A「私、最近、5キロ痩せたの。食事制限とエクササイズで頑張ったんだ♪」
B「うんうん、ダイエットしているのかなって思ってた。すっごくキレイになったもん」
A「そうかなあ？　うれしい！　Bさんこそ最近キレイだけど、何かやってるの？」
B「実はお化粧がちゃんとできるようになりたくて、メイクアップ教室に通い始めたの」
A「へえ。すご〜い。私も習おうかなあ。キレイになって、彼もほしいしね」
B「そうだよね、恋がしたいよね。今度一緒に、合コンに参加してみようか？」

と、俯瞰して見てみると、全体に「キレイになる」というゆるーい枠組みはあっても、男性からすると、「最初のダイエットの話は、一体どこにいった？」と思ってしまうような会話が多いんですね。

つまり女性にとっては、**場に〈共感〉できる雰囲気**があれば、最初の「ダイエット」から どんなに話が横道にそれようと、内容が矛盾しようと関係ない。そこに**答えはいらない**

図表10　女性は会話がヨコ展開

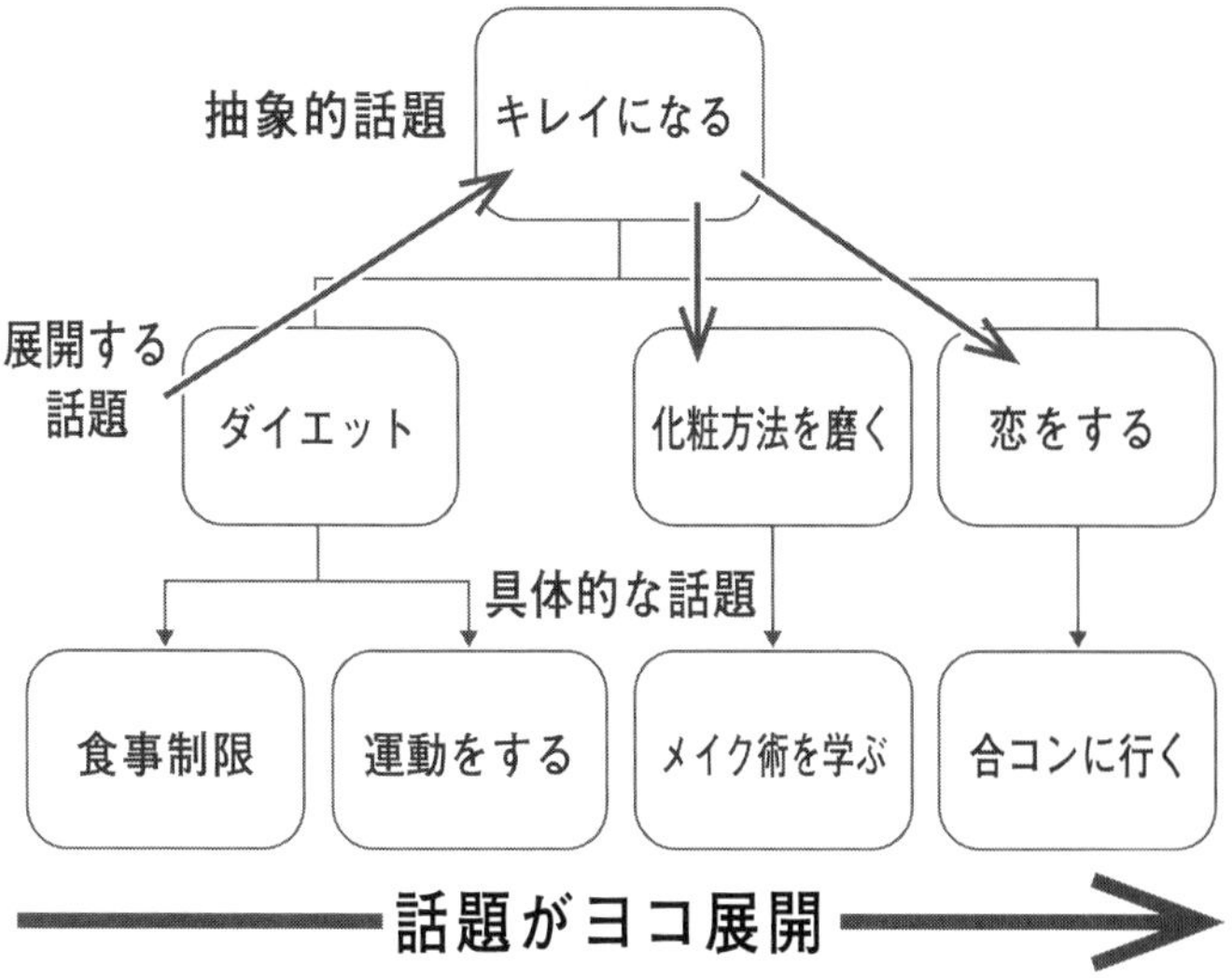

のです。互いにそのときの**自分の考えや言いたいことを〈発散〉しながら、「わかるわかる〜」と〈共感〉したまま「じゃあね〜」で終わる。会話スタイルは話題を最優先に考えていく「ヨコ展開」**（図表10参照）です。

これは、何か問題にぶつかったとき、男性は、自分自身でものごとの原因などを分析して答えを出そうとするのに対し、**女性は声に出したり、誰かに話したりすることで解決策を出そうとする傾向がある**ということを見てもわかります。

男女は、脳の構造や機能の仕方も違うという話もあるくらい、**根本的に思考方法や会話のスタイルが違う**のです。

女性とのコミュニケーションでの基本は何？

まずは「1対1」で話を聴くことに徹する

私もこれまでの経験でつくづく感じることですが、男性にとって、やはり複数の女性たちとの会話は、難易度がものすごく高いですね。

私は男性と女性の会話方法の違いを知って、それを克服するためのスキルを習得しましたが、職場での女性たちとのコミュニケーションが苦手な方は、

「避けられるなら、避けたい」

という感じではないでしょうか。

そこで、その苦手意識をなくしていくためにも、まず初めに、男性は複数の女性と話すのが、なぜ苦手と感じるのかを押さえておきましょう。

その理由は、次の3点に集約されます。

①「この話に対する私の意見はこうだ」
「私が考える正しい結論はこうだ」

と、自分の発言を用意しているうちに、場の状況があっという間に次のテーマに移っているので、男性としては**ひとり置き去りにされた感じになって、もう次の話題に入っていけなくなる。**

②進行中の話題に対して、**共感したり、問いかけたりするタイミングがわからない**だけでなく、たとえ自分が何か言葉を発したとしても、**そのあと誰に話を振っていけばいいのか、どう展開していけばいいのかがわからない。**

③話に加わっている女性たちの様子を見ていると、話の内容に合わせて、**表情、しぐさ、発する声のトーンなどが著しく変化していき、男性としては、それにどう合わせていけばいいのか、いまいちわからない……。**

要するに、女性たちの会話に入っていくと、即座にこれらのことを感じ取ってしまって、

「これは、なんとかしなければ」
と思って焦り、苦手意識をもつわけです。

そういう状況に陥ったとき、男性がどういう反応をしてしまうかというと、

- 会話の内容と自分の表情や声が合っていない
- 男性ならではの女性に対するNG言動で会話を収束させようとする
- NG態度で話を聞いてしまう

という感じになってしまうんですね。

このNG言動とNG態度とは、これまで述べてきたような、男性特有の女性に違和感をいだかれる行為です（詳しくは、このあとの項目で説明します）。

女性たちとコミュニケーションをとるのは、なかなか簡単にはいきませんが、とにかく**最初は、こうした複数への対応を避けるためにも、1対1での対応から始めるといい**でしょう。1対1の会話であれば、**話を集中して聴けますし、相手の思いに〈共感〉でき、話の内容にきちんと応じられます。**

また、**1対1で真摯に対応することで、一定の信頼関係もでき、女性からの本音も聴きやすくなります。**今は、オンラインでの打ち合わせで、女性と1対1で対応する機会が増えていて、職場では聴けなかった女性の本音を知ることができたという方も、いるのではないでしょうか。

1対1での対応は、上司としてはこれまでなかなか聴けなかった女性の部下の本音を知り、信頼関係を深められるチャンス。できるだけその機会を多く設けるようにしましょう。

私も以前、経験したことがありますが、男性の場合、複数の女性を相手にした会話で素っ気ない態度をとったり、人の話を聴いていなかったりする様子が少しでも見えてしまうと、のちのちまで、

「あの上司は、話を聴かない人」

というレッテルを貼られてしまうこともあります。

1対1での対応ならば、たとえミスをしてもダメージは少ないでしょう。

女性とやりとりする上でのＮＧ言動とは？

不信感をいだかせる〝無表情〟と〝話し方〟が問題

男性は、職場ではとくに、感情を顔に出さない人が多いですね。

打ち合わせや報告などで部下と話をしているときでも、無表情でそっけない態度を当然のようにとっている男性をよく目にします。

あなたも、自分を振り返ってみてください。

誰かと話をしているときも、無表情でいることはありませんか？

実は私も、パワハラ大王時代は、**無表情でいることが当たり前**だと思っていました。当時は、リーダーは何があっても、感情を表に出すべきじゃないと考えていたんです。だから女性スタッフからは、

「何を考えているか、わからないヤツ」

と思われていたようです。
その上、保育園の保護者や園児たちには笑顔で接していたのですから、余計にたちが悪く映っていたのでしょう。彼女たちから**「感じの悪い人認定」**を受けても、当然のこと。やはりそれでは、女性たちに不信感をいだかせてしまいます。

つまり**無表情も、NG言動の1つ**なのです。怒りの表情は考えものですが、それ以外であれば、**話の内容に合わせて、相手にこちらの意図が伝わりやすいような表情をすることが大切**です。この表情については、このあと具体的なコミュニケーションスキルの項目で詳しく説明します。

次に、男性のやってしまいがちなコミュニケーション上のNG言動の中で問題なのは、**女性の部下への言葉での対応の仕方。**
論理的思考の男性からすると、前にも述べた女性の〈発散〉を主目的とした要点のまとまらない話の展開は、苦痛であることが多いのです。だから、仕事の打ち合わせや会議などで、その**苦痛を早く終わらせようと、話をなんとかまとめようとする結果、「NG言動**

での会話収束」をしてしまうわけです。

男性の女性に対する主な**NG言動**をまとめてみました。

①結論求め

話の初めに「結論」を求める。具体的な言葉をあげると、

「で、君の言いたいことの結論は何？」「つまり、どういうこと？」など

②要約求め

女性のまとまりのない話を、要約させる。

「それでさ、君は何が言いたいの？」「もっとわかりやすく説明して」など

③批評的対応

女性の話を批判的、無関心そうに聞く。

「へえ〜、そう……」「だから、どうなの？」「それ、意味あるの？」など

④話題泥棒

女性の話を自分の話にすり替えて、そのことばかり話して終わる。

女性「この間、京都に旅行したんですよ。○○の××がよくって……」

男性「僕は京都には1年に1回は行っているよ。××はよくないね。△△

がおもしろいよ。**それでさあ、あそこの□□ではさあ〜」**

女性「……」など

⑤安易な同調

話をきちんと聴かずに、ただ調子を合わせるだけで終わらせようとする。

「辛い気持ちは、わかる」「僕もそうだった。だけど乗り越えれば、いいことがあるよ。頑張れ！」など

こうやって書き連ねていくと、「これ、絶対にあるよなあ」と、苦笑いの連続ですが、女性たちにとっては、怒りの顔が目に浮かぶほど、不信感をいだかせる言動。すぐにでも改め、女性の部下の話をきちんと〝聴く〟ようにしていきたいものです。

みなさんも、NG言動に思い当たるところはありませんでしたか？

これらはみな、女性の部下との信頼関係を築くためには、なくしていきたいものばかり。もし思い当たることがあれば、まずは、**どんな場面で言ってしまったのか、相手の反応はどうだったのかを思い出してみるといい**でしょう。

無意識にやりがちな腕組み・足組みも要注意

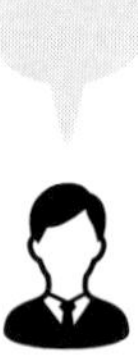

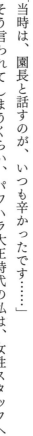

「当時は、園長と話すのが、いつも辛かったです……」

そう言われてしまうくらい、パワハラ大王時代の私は、女性スタッフへのNG言動やNG態度を繰り返していました。

仕事中の報告や打ち合わせで話を聞くにも、NG言動をしたり、腕組み、足組みで、仏頂面、相手の目を見もしなかったりと、最悪な態度の連続。当時の女性スタッフの言葉どおり、そのことが、彼女たちにものすごい威圧感を与えていたんです。

序章でも述べましたが、あのころの私はやはり、自分にとってわけのわからない女性の話を早く終わらせたい、聞きたくないという気持ちが強かった。腕を組む、仏頂面をするといった、**相手から自分を守ろうとする防御反応や、拒否反応をする**ことで、スタッフたちと向き合うことを避けていたのです。それでは、スタッフとの信頼関係を結ぶことはもとより、相手の話す意欲をそいでしまい、本音の意見など、出るはずもありません。

では、**女性にとってのNG態度**とは、具体的にどんなしぐさを言うのでしょうか。主なものをあげてみましょう。

①腕組み・足組み　体の前で腕を組んだり、足を組んだりして話を聞く。とくに腕組みは、**相手に対する防御反応**としてやる場合が多いので、要注意。

②視線そらし　あえて相手とは目を合わせずに会話をする。**自分の感情や考えていることを隠そうとする気持ちのあらわれ**で、話をしている相手にとっては、「自分の話がちゃんと伝わっているのだろうか？」という懐疑的な気持ちを引き起こす。

③斜に構える　相手の正面に立って（座って）対応するのではなく、斜に構えて話を聞く。これも**防御反応の1つ**で、きちんと向き合って話を「聴く」態

度ではない。

④仏頂面

顔の表情だけでなく、態度としても、不機嫌そう、あるいはつまらなさそうに対応する。**相手への〈共感〉の姿勢はなし。**打ち合わせや会議などでは言うまでもなく、とくに組織のリーダーとしては、日常でもこの態度はNG。

⑤首をかしげる

相手の話に納得がいかない場合や、疑問があるときにする姿勢。**対面する人にとっては、「私の話は、やっぱりダメか」と自信をなくさせるしぐさ。**

⑥別の表情をする

相手と話している内容とは異なる表情で対応する。たとえば、悲しい内容の報告なのに、笑った顔や怒った顔で応えるなど、ちぐはぐな表情をすること。これは**相手に対する無関心**が引き起こす。

みなさんは、いかがですか？　普段から無意識にやってしまっていることが、意外と多いのではないでしょうか？

私がいろいろな会社の男性社員と接していても、これらはよく見られる態度です。

要するに、普段のささいなしぐさでも、**男性と考え方・感じ方が根本的に違う女性にとっては、威圧的で正面から向き合えない態度に見えてしまっている**ということ。何げない行為であっても、**その奥に潜む心理的な要因がある**だけに、発信する側にとっても、受ける側にとっても、影響が大きいんですね。

まずは、第1章でお伝えした**〈心理的安全性〉の考え方に立ち戻り、日々改善していく必要**があります。

次の項目からは、これらの問題を解消するためには、どのようにしていけばいいのか、**具体的な話の「伝え方」と「聴き方」**を紹介していきます。

1つひとつ解決していけば、間違いなく成果が見えて、自分の自信にもつなげていけるものばかりです。ゲームをクリアしていくように、トライしていきましょう。

伝え方①　女性に話を伝えるときに大事なのは？

ポイントはノンバーバル・コミュニケーション

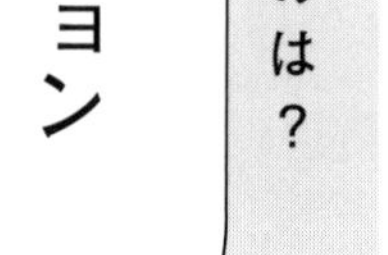

いよいよ、共感し合えるコミュニケーション方法——「伝え方」の実践編です。

ここでは初めに、男女の別なく自分の意図をきちんと伝え、〈共感〉し合えるための良いコミュニケーションとは、どういうものかを見ていきましょう。

まず最初に押さえておきたいのは、男女の「伝え方」の違い。それぞれの特徴をあげてみましょう。

男性　内容は多くが論理的で具体的。**言葉をベースに、冷静に伝える**傾向がある

女性　内容は多くが感覚的で抽象的。**言葉だけでなく、顔の表情や身ぶり、声の表情を使って伝えるノンバーバル・コミュニケーション**の傾向がある

この**ノンバーバル・コミュニケーション**とは、言葉を使わない非言語コミュニケーションのこと。通常の会話の言葉や文字・文章を介したコミュニケーションをバーバル・コミュニケーションと呼ぶのに対し、**身ぶりや態度、顔や声の表情など、言語以外の手段による伝え方**を言います。

要するに男性は、これまで培ってきたプライドや考え方から、感情を表に出すこのノンバーバル・コミュニケーションを避ける傾向にある。だから、女性とのコミュニケーションに違和感が生じてしまうのです。

実は、人と人とが実際にかかわり合うためのコミュニケーションでは、**このノンバーバル・コミュニケーションは、なくてはならない要素**。これを、米国の心理学者アルバート・メラビアンが提唱した「メラビアンの法則」で見ると、人の第一印象を決定する情報の大部分は、視覚と聴覚から得られていると言われています。

その主な検証データをあげると、次のようになります。

●見た目、しぐさ、表情、視線などの**視覚情報**……………55％

● 声の質、話す速さ、声の大きさ、口調などの**聴覚情報**……38%
● 言葉そのものの意味、話の内容などの**言語情報**…………7%

つまり人は、親しい家族や、長い付き合いのある仲間内などを除いた**大部分の人に対して、こうした視覚情報や聴覚情報に重きを置いた判断をしている**んですね。これは、仕事をする場でも同じです。

私の保育園経営者時代の初期のころも、相手が子どもではありましたが、このノンバーバル・コミュニケーションを用いて、むずかしい意思の疎通に成功したことがあります。話の内容に、声と表情、そして感情を一致させることで、意思が伝わりやすくなったのです。

日常の中でも、男女のノンバーバル・コミュニケーションのあるなしはよくわかります。たとえば、どこかの有名店で焼き肉を食べて、それを人に話すとき、男性は、
「やっぱり焼き肉だったら、○○店だね。△△産の肉だから、すごくおいしい。それに、味つけと焼き方が××だから、肉のいい味を引き出してるよ」

と、**言葉できちんと、**「あの店の焼き肉はなぜおいしいのか」という**根拠を伝える。**焼き肉の〝おいしさ〟を言語で具体的に説明することで、その情報を受け取る人の誤解がないように伝えたいのです。

それに対し、女性は、

「○○店の焼き肉は、香ばしくて肉厚で、ジューシーなの〜。それにお肉がとってもやわらかで。ほんとにおいしいから、ぜひ行ってみて！」

と、まるでその焼き肉を目の前にしているかのように**テンションを上げて、ニコニコと楽しそうに、目を輝かせながら人に伝えます**（ちょっと大袈裟かもしれませんが笑。でも、女性のみなさんの会話の基本はこうです）。

男性にとっては〈こだわり〉が細かく、きわめて感覚的で抽象的な表現ではあるけれど、〈共感〉する相手ならば、それで十分に察することができます。

男性のみなさんは、女性たちの〈共感〉を得るようになるためにも、「伝え方」として、**このノンバーバル・コミュニケーションをポイントに、スキルを磨いていきましょう。**

5つの「基本表情」を決めて話の内容で使い分ける

ここではまず最初に、女性の部下と会話をするときの〝表情〟をつくるワークをやってみましょう。**女性に安心感を与え、話しやすい空気をつくるための会話のポイントは、伝える内容や、その内容に伴う感情に合わせて、〝表情〟を使い分けること。**

そのために、次の順序で**「5種類の表情パターン」**を決めていきます（図表11参照）。

表情をつくるワーク

①自分の顔の表情の「デフォルト」（基本的な状態）を決める

まずは鏡を使って自分の顔を見ながら、普段の顔の表情＝「デフォルトとなる表情」（図表11の真ん中の顔）を決めます。

私の場合は、素の表情は仏頂面。そのため、自分ではそういうつもりがなくても、「つ

図表11　5種類の表情パターン

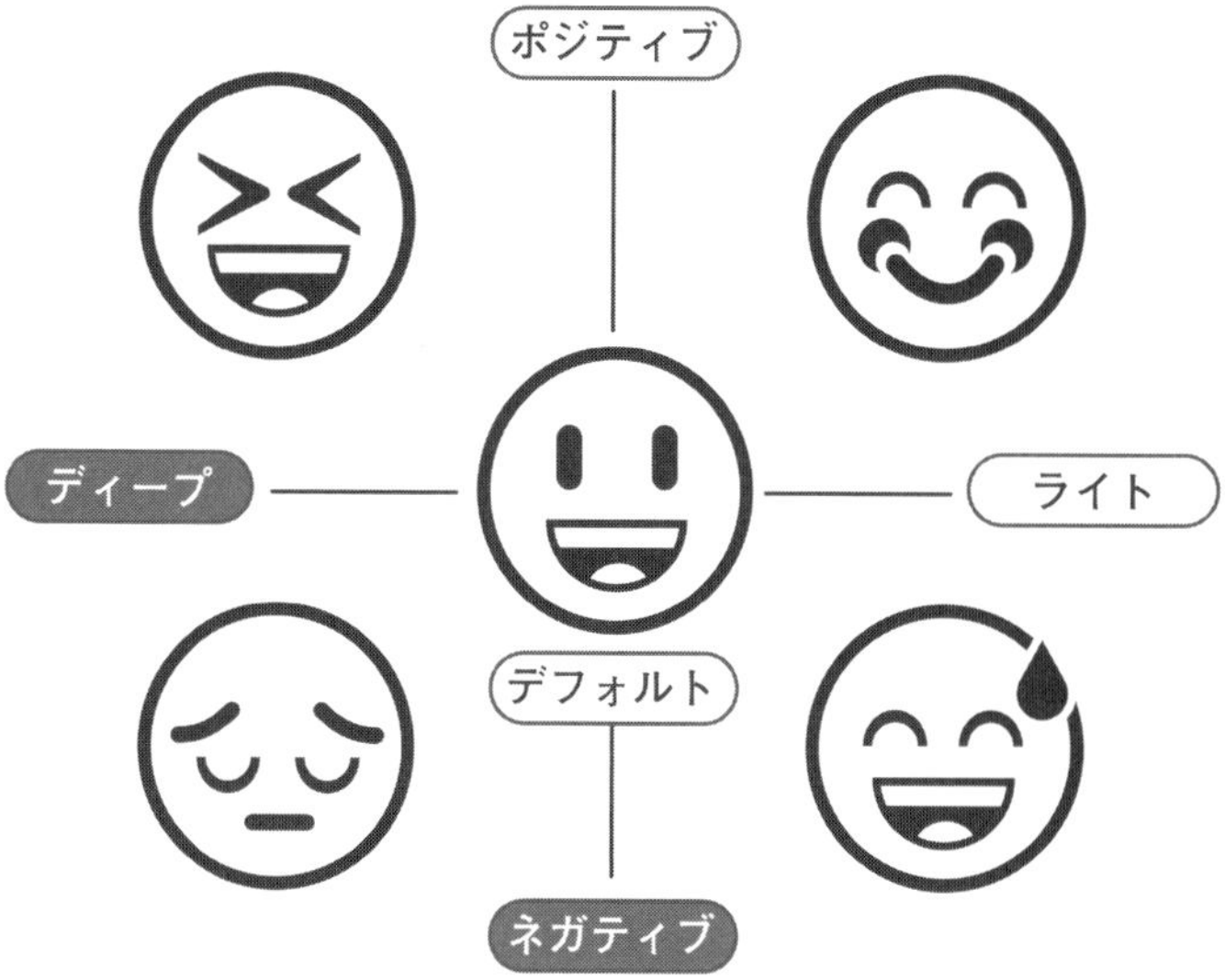

まらなそうな顔」「怖い顔」と見られることが多かったんです。だから**やわらかい表情が出るように、意識して唇の口角を上げ、これを普段の「デフォルト表情」としています。**

男性は、素の表情が硬く、無表情の人が多いので、「デフォルト表情」として、口角を上げることを意識するといいでしょう。

②図表11を参考に、①で決めた「デフォルト表情」を中心とした残りの4種類の表情を決める

鏡で自分の顔を見ながら、図表11にある顔の表情を決めていきます。たとえば、ポジティブ・ライトな場面では「笑顔」、同じくポジティブ・ディープな場面では「感嘆または

驚きの顔」。ネガティブ・ライトな場面では「苦笑い」、ネガティブ・ディープな場面では「悲しい顔」というように、自分に合った表情を決めていってください。

③「どのような感情や思いをいだいたときに、この表情が出るか」を意識して、①と②で決めた「5種類の表情」をつくる練習をしていく

——これはとても地道なワークですが、5種類のパターンの表情が意識なく出るようになるまでやっていきましょう。私もそうでしたが、会話をしながらこの5種類の表情を出せるようになれば、部下たちが受ける印象も、かなり違ってくるはずです。

基本的に、**女性の部下との信頼関係をつくっていくために必要なのは、やはり、やわらかい笑顔**。その一番のお手本は、赤ちゃんの笑顔です。

赤ちゃんの笑顔は、女性の母性に訴えかけて、安心感を与える。だから、女性たちに親近感をもってもらえるのと同時に、〈まあ許せるゾーン〉（102頁）に入れてもらいやすくなります。赤ちゃんの笑顔に、打算はないですから。

私は保育園の経営者時代、毎日保育園で乳幼児たちとふれ合いながら、こうした笑顔の表情を**〝赤ちゃん笑顔〟**と名づけて、研究していました。

そのつくり方を紹介すると、次のようになります。

①口角と目尻を線で結び、鼻を中心に円を描くイメージをつくる
②口角を上げ、目尻は下げる
③頬の筋肉を上げることを意識しながら笑顔をつくる
④ベロを出して、引っ込める

そこでできた笑顔が、自然な〝赤ちゃん笑顔〟です。これは、女性との信頼関係を築くための強力な武器。難易度は高いですが、毎日鏡を見ながら、練習してほしいですね。

ここで**大切なのは、場面にふさわしい笑顔を使うこと**。「楽しい」「おもしろい」「すごい」「うれしい」と、素直に感じられる場面で、女性の部下たちとみんなで、その良い感情を〈共有〉することなのです。

場面に応じた「声」「口調」「語尾」を使う

みなさんは、職場で部下たちに指示するとき、声の高さに気を使ったことはありますか？ 156頁でも紹介したとおり、実は人の印象にとって、「声の表情＝トーン」は大事な要素。とくに女性を相手にするときは、**親しみやすい高音を使っていくことが、〈共感〉し合えるためには大事なポイント**です。ここでは、声の高低による効果を知って、場面に応じた使い分けができるようにしていきましょう。

声の使い分けワーク

図表12に、そのポイントをあげましたので、41頁図表1の**「自己開示の種類と順序」**で示した「ポジティブ・ライト」「ポジティブ・ディープ」「ネガティブ・ライト」「ネガティブ・ディープ」に応じて、「高・中・低音」と声を変えて話す練習をしてみましょう。

図表12　場面による声の使い分けと効果

	高音域	中音域	低音域
望める効果 与える印象	明るい 元　気 親しみ	聞き取りやすい 安心感 信頼感	心を落ち着かせる いやし 安定感（リーダー的）
活用する場面	距離を近づける 盛り上げる 自分のペースをつかむ	正確さが必要なコミュニケーション （仕事の指示・説明、講義など）	真剣な話 重い告白 相手の話を引き出す

場面による声の使い分けをすることで、声の高さの効果がわかり、場面に適した声の使い分けができるようになります。

自分の声の特徴を知って、楽しいときは高いトーン、普通のときは中くらいのトーン、重い話のときは低いトーンと、3パターンくらい決めて、使い分けてみましょう。

仕事の場面では、この声のトーンを意識することで、徐々にそのコツをつかんでいけると思います。

言葉がけワーク

声の練習が終わったら、次は「言葉がけ」の実践です。最初のポイントは、**「指示・説明」のときの語尾・口調**。これは男女ともに

図表13　指示・説明のときの語尾・言葉遣い

NG語尾・言葉遣い	望ましい語尾・言葉遣い
（丁寧語でも同じ）	（優しい口調で）
～しろ（しなさい）	～してくれるかな？（～してくれます？）
～するな（してはいけません）	～してもらえる？（もらえます？）
なんで～するんだ（しないんだ）	～してもらえると、助かるな（助かります）
～はどうするんだ	～してもらえると、ありがたいな
いつ～するんだ（しないんだ）	～してください
いいから、早くやれ（やりなさい）	～しないでください
黙って言われたことをやれ	

共通することですが、とくに女性が相手の場合、指示・説明があいまいで、前置きが長いと、「何をすればいいか」が伝わりにくく、不満をもたれる可能性が高くなります。

だから、**端的にわかりやすく説明するのはもちろんのこと、語尾や口調にはとくに注意を払いましょう。**頭ごなしの言い方や、強い命令口調も、避けたほうがいいですね。

上の図表13に「NG語尾・言葉遣い」と「望ましい語尾・言葉遣い」をあげましたので、注意して使ってください。

「言葉がけ」で注意したい第二のポイントは、**「提案・解決策」のときの語尾・口調。**

部下に企画書などを提出されたとき、上司

図表14　提案・解決策を提示するときの語尾・言葉遣い

NG語尾・言葉遣い	望ましい語尾・言葉遣い
～しろ（しなさい、やりなさい）	～しては（したら）どうかな？
～するな（してはいけません）	～するといいかもしれないね
いいから～しろ	～だと思うよ
どう考えても～だろ	～かもしれないね
なんでそんなことがわからないんだ	～するのがいいかなあ

としてはその返事をするのに、どんなに自信のある提案や解決策であったとしても、相手の拒否反応が生まれやすい**断定的なものの言い方や強い語尾は厳禁**。

また、忙しいときなどに出してしまいがちな言葉にも要注意です（図表14参照）。「望ましい語尾・言葉遣い」にあるように、相手が受けとめやすい優しい言葉で、こちらの提案・解決策を示していきたいものです。

47頁にもある**「でも」「ただ」「逆に」などで始まる否定の言葉**や、150頁の**「NG言動」**などと合わせて、注意していく必要がありますね。

大事なのは女性の〝感情〟に着目して聴く姿勢

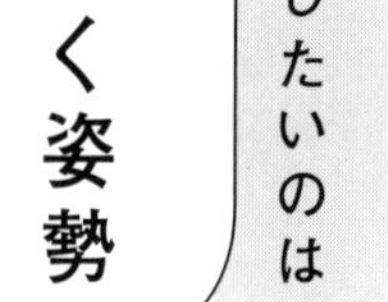

ここまでみなさんと、女性との対話での〈共感〉と〈発散〉について学んできましたが、いかがですか？　息切れしてきている人はいませんか？

ここでは少しだけじっくりペースで、**「聴く力」**について説明していきましょう。

この**「聴く力」、実は〈共感力〉を発揮する上で最も大事なスキル。**これを習得すれば、女性たちの重要なニーズである、〈共感〉と〈発散〉の2つを同時に満たすことができ、女性からの評価が上がること間違いなしです。

男性のみなさんには、この「聴く力」を、ぜひ身につけてもらいたいと思います。

では、「聴く」とは一体どういうことでしょうか？　この本でも、各ポイントで「聞く」

を「聴く」と表現してきましたが、ここで改めてその違いを見てみましょう。

「聞く」　自分のまわりで発せられた音や声などを特別な意識なく、耳を使って聞く。

たとえば、手作業をしているときに、ラジオの音楽を〝ながら〟で聞いている、というイメージでしょうか。人の声で言えば、「次に何を言うのかな?」と思いながら、**自然に耳を傾けている感じです。**

「聴く」　意識して相手に耳を傾け、神経を集中させて（研ぎ澄ませて）全身で話を聴く。

相手が女性の場合に注意したいのは〝**感情**〟**に着目して聴く**こと。TOEICのヒアリング試験を受けているときの感じと言えば、わかっていただけるでしょうか。**相手の話を常に優先して聴き、自分が何を言うのかはその次です。**

いろいろな本を読んでいても、人の話にきちんと向き合っている場面などでは、この「聴く」を使っていることが多いですね。女性とのコミュニケーションでは、この**「聴く姿勢」が大事**なのです。

その中でもとくに着目したいのは、**会話の相手である女性の〝感情〟**。話の内容はもちろん大切ですが、女性の部下の話を聴けるようになるためには、彼女たちの感情に注目することが必要になります。

それはなぜかというと、**私たち男性にとってテーマの絞りにくい女性との会話の中で、実際に表面にあらわれてくるのは、彼女たちの顔の表情や声のトーン、話し方などに見られる〝感情〟**だからです。

仮に、仕事の現場であなたの女性の部下が、何かを報告しに来ているのだけれど、何を言おうとしているのか、よくわからない状況だとしましょう。

そこであなたは、まず最初に彼女の表情や様子から、たとえば、ものすごく不安そうであるという感情を読み取って、

「何か不安なことでもあるの？」

と聞いてみます。それに彼女が、

「はい。ちょっと……」

と答えたとすれば、そのあとは、

「そう。それはどうしてなんだろう?」

と、その〝不安なこと〟に焦点を絞って、彼女の気持ちを〈発散〉させながら、話を進めていく。するとと、彼女が報告したいと思っていることは、たとえば、

「グループ全体の仕事で手一杯で、自分の仕事は締め切りに間に合いそうにない」

ということだとわかって、

「そうか、そうか、大丈夫だよ。だったら、ここをこうすればいいからね」

と、**アドバイスできる**わけです。

要するに、女性の話を聴くことが苦手な傾向にある私たち男性にとっては、**女性の感情を〈共有〉するという視点をもつ**ことで、「聴く力」を得られるようになるんですね。こうした経験を重ねていくことで、瞬時に「感情に着目して聴く」ということができるようになっていきます。

女性の感情の〈発散〉をサポートし、それを〈共有〉することで、彼女たちとの良質なコミュニケーションを進めていく。「聴く力」は、そのためのスキルなのです。

女性が話しやすくなる「声・表情・態度」で対応する

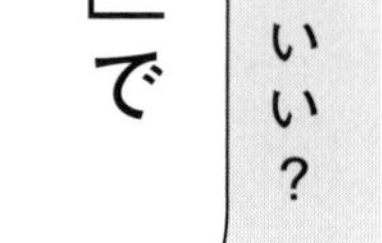

次に、実際に女性の話を聴くときの**声、表情、態度のポイント**を紹介しましょう。

①話を聴くときに気をつけたい声のトーン

女性の話を**聴くときの返事は、中～低音域の声のトーンを使います**。これは、１６５頁**図表12**にもあるように、この音域が、聞き取りやすい上に、安心感があるため。また、安定感やいやしの効果もあるので、相手の話を引き出しやすい雰囲気をつくります。逆に高い声で返事をし続けると、相手は話しづらく不快感をいだくこともあるので、要注意です。

②聴く内容に合わせて表情を使い分ける

顔の表情も、話す女性の感情や話題に合わせた表情をしながら聴くと、相手も安心して話を展開しやすくなります。男性は、話すときに無表情の人が多いので、伝えるときと同じように、意識して感情をあらわすようにしていきたいですね。

161頁**図表11の「5種類の表情パターン」**でつくった自分の顔を思い出しながら、相手の話に応じた表情をしていきましょう。ここで、表情がどうしても出にくい人のために、私が以前よくやっていたワークを紹介します。

相づちワーク

図表11の5つの表情パターンのそれぞれに、「あいうえお」で始まる相づちの言葉を乗せて、感情を込めて言う練習です。鏡を見ながら、毎日やってみましょう。

- ネガティブ・ライトの表情（苦笑い）→「**あ**あ〜」
- ポジティブ・ライトの表情（笑顔）→「**い**いね〜」
- デフォルトの表情（微笑み）→「**う**んうん」
- ネガティブ・ディープの表情→（悲嘆）→「**え**え〜」
- ポジティブ・ディープの表情（感嘆）→「**お**お〜、すごい」

慣れないうちは、**ちょっと大袈裟に感じるくらいに声を出してみましょう**。そうしていくうちに、自然に言えるようになります。そこまでやれば、女性たちも、こちらが感情を

〈共有〉していることに気づいて、その姿勢を受けとめてくれるはずです。

③全身を使って聴く態度

正確に言えば、態度には、前に述べた声や顔の表情も含まれるのですが、ここでは、その「姿勢」について述べていきましょう。ここでのポイントは、とにかく、**「私は全身（全霊）であなたの話を聴いていますよ」という姿勢（態度）を見せること。**全身全霊という表現を使いましたが、現実にはそこまでいかなくても、「一生懸命」という感じでしょうか。

つまり、相手の女性が話しやすい態度で聴くこと。そうすれば相手にとっても、本音や内に潜む感情を出しやすくなります。これは、第1章でやった**〈心理的安全性〉を体現していく上で、とても意味のあること。**とくに意識して、取り入れていきましょう。

では、具体的に「全身を使って『聴く』態度」とはどういうものでしょうか？

153〜154頁の、「腕組み・足組み」「視線そらし」「斜に構える」「仏頂面」「首をかしげる」「別の表情をする」などのNG態度は、ここでももちろん禁止。

そのほかに注意したいポイントは、次の3点です。

●うなずく

「話の内容を聴くより、まずはこのうなずきが大事」と言っても過言ではないほど、聴く態度としては重要なしぐさ。うなずきながら話を聴くことで、相手にとっては「しっかり受けとめてもらっている」という気持ちが増す。**8回1セットを目安**に、「ふむふむふむ」とうなずくことを意識する。そうすることで、話す側、聴く側ともにリズムができて、話のテンポが良くなる。

●目線合わせ

話している相手と目線が合うようにする。たとえ相手がこちらに目線を向けていなくても、**相手の目を見て話を聴く。**

●正面を向く

相手の体の正面の位置で話を聴く。緊張している場合は、肩がこわばらないように、おへその前で指を組むといい。

これらは職場で女性の話を「聴く」ための大前提ですが、相手の男女問わず、ビジネスの基本として押さえておきたいですね。

聴き方③ 女性の話を聴くときに使うと便利な語尾は？

〈共感〉の「ね」と主観の「な」「よ」を使い分ける

ここまでもずっと述べてきましたが、男女は、これまでのかかわり方を変えていかない限り、ずっと平行線のまま。信頼関係は、永久に築けないのです。リーダーのあなたが歩み寄らなければ、女性の部下から〈共感〉を得るのは、難しいでしょう。

だから、改めて、ここでひと踏ん張りしていきたいもの。

ここでは、そんなふうに頑張っているあなたに、女性との〝歩み寄り〟の一歩を踏み出すための、明日から使える便利な方法を1つ、紹介しておきましょう。

それは、**「女性の話を聴いて返すときの語尾の使い方」**。

その1つ目の語尾は、**「ね」**。図表15にあるように、たとえば「かわいい」に「ね」をつ

図表15 「ね」を用いた〈共感〉ワード

一般的〈共感〉ワード		女性に有効〈共感〉ワード	
そうなんだね	〈受容の共感〉	かわいいね	〈最高の共感〉
すごいね	〈称賛の共感〉	いいね	〈承認の共感〉
なるほどね	〈納得の共感〉	素敵だね	〈称賛の共感〉
そうだね、たしかにね	〈同意の共感〉	そうだね	〈同意の共感〉
		○○（感情）だったんだね	〈感情の共感〉

けて、「かわいいね」にするだけで、女性に対しては**〝最高の〈共感〉ワード〟**になります。

これは、男性にとっては、一見なんでもないことに思える語尾1つにも、女性にとっては、〈共感〉という大事な意味が含まれているということ。

こうした、

「相手が受けとめてくれている」

という共感ポイントを1つひとつクリアしていくことで、女性の、

「まあ、いいかあ」

という**〈まあ許せるゾーン〉**（102頁）が広がっていき、その結果、女性からの信頼を得られる確率も上がっていくのです。

しかしそれでも、男性は仕事の現場で、言葉の語尾に「ね」をつけることは、ほとんどないですね。私が出会った男性たちは、記憶する限り「ね」を使わない人ばかりでした。

だから、やはりこれは、**「対女性」として、意識してやっていかなければならないこと。**

そう受けとめて、語尾につける練習をしていってほしいですね。

最後にもう1つ語尾の話をしましょう。

女性と会話をするときに、**自分の主観で意見や解決策などを提案するときは、語尾に「な」「よ」をつける**という方法があります。

たとえば、

「これは、こういうふうにするといい」

ということを言いたいときに、

「これは、こういうふうにするといい**な（よ）**」

とすることで、自分の考えを女性に強制していない、ということがきちんと伝わります。

逆に男性がよくやりがちな、

「これは、こうしたほうがいい**ね**」

という語尾にすると、**強制的な意味合いになって、女性からの反発を受けやすい**ので、この言い方は避けたほうがいいでしょう。

また、**「な」「よ」**のほかに、**「～かなあ」**と、結論を濁す感じの言い方もあります。

主観で意見や解決策などを述べるときの「な」「よ」を語尾につけた例をあげると、次のとおりです。

- ～がおもしろい　→～がおもしろい**な（よ）**
- ○○は××だ　→○○は××だ**な（よ）**
- 仕事が終わって、うれしい　→仕事が終わって、うれしい**な（よ）**、うれしい**なあ**
- ～した（やめた）ほうがいい→～した（やめた）ほうがいい**な（よ）**、いい**かなあ**
- ～するべきだ　→～するべきだ**な（よ）**、するべき**かなあ**

これも、いろいろな場面を想定して、練習していきましょう。

女性との会話での展開のポイントは？

〈ラリー話法〉でしっかり発散＋やわらかく収束

第4章では、女性との会話で必要なスキルについて説明してきましたが、いかがでしたか。この項目ではまとめとして、実際の女性との会話における**基本のポイントを4つ**紹介します。1対1の打ち合わせの時間などをつくって、女性とのコミュニケーションの原則として生かしてください。

①〈発散〉を意識して会話を展開する

女性と会話をしていく上で、まず頭に入れておきたいのは、彼女たちのコミュニケーション量。これは、157頁に出てきたメラビアンの法則にも関連しますが、言語情報だけでなく、視覚・聴覚情報を含めた量のこと。

一説では、女性の1日のコミュニケーション量は、男性の約3倍あると言われています。つまり、それだけ〈発散〉している量が多いということ。

女性が会話を止めどなく繰り返したり、表情豊かに笑ったり、泣いたり、怒ったり、愚痴を言ったりするのも、この〈発散〉が目的の行為。女性の悩み相談を受けるときにも、結局は自分の話を聴いてほしいだけだった、ということがよくあります。

要するに、**会話の目的が〈発散〉である以上、彼女たちにとっては結論やオチは必要ない**わけです。**それを意識**して、女性との会話に応じていくことが肝心です。

② 〈ラリー話法〉を身につける

〈ラリー話法〉とは、テニスや卓球でボールを長く打ち合うことから応用した手法で、私が命名したもの。たとえば卓球では、ボールの打ち合いを長く続けていくラリー練習があり、そこでは相手が返しやすいボールを送ることが課題になるんです。

それを女性との会話に応用し、**女性が受け取りやすい「問い」と〈共感〉のスキルを繰り返す**ことで、それなりの時間をかけて話を展開していきます（183頁図表16参照）。

その展開の中では、女性が散漫になりがちな話題を絞っていけるように、5W2H

（Who・When・What・Why・Where・How・How much/many）の問いを、たとえば、「それは誰がいつ、どこでそうしたの？」

と、入れていきます。**司会進行のように**、あらぬ方向にいってしまいがちな話を、**あくまでも自然に、無理なく**コントロールしながら、結論に導いていくわけです。

③女性との会話は完成図のないパズル

完成図のないパズルは、全体像が見えません。1つひとつのピースを地道につなぎ合わせていった結果、やっと全体像が見える。女性との会話も、同じです。

たとえば、あなたは完成図が名古屋城とは知らずに、友人からもらったパズルを始めたとしましょう。ゴールが見えないので、途中で何度も「もう、やめた！」と投げ出したくなりながらも、友人の顔が目に浮かび、なんとかつくり続けたある日、突然目の前にシャチホコの姿が！　そこであなたは一気に、ゴールが名古屋城ということを知るわけです。

それと同じように、女性との会話でも、**ヨコ展開の会話をしながらも、〈ラリー話法〉を続けるうちに、話が集約されるとき**が必ずあります。その過程で**テーマを絞ったり、相**

図表16 〈ラリー話法〉の基本的な流れ

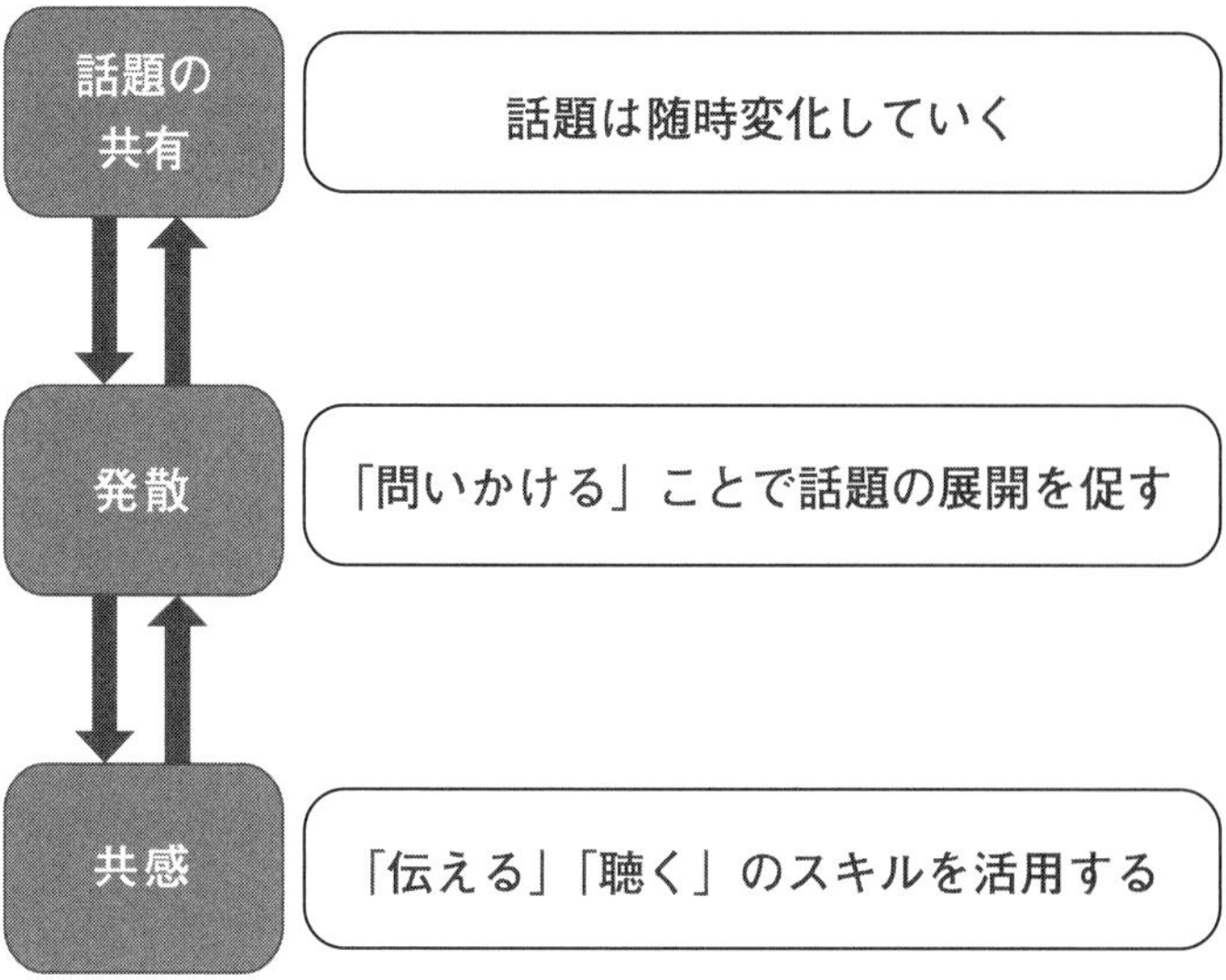
話題の共有
話題は随時変化していく
発散
「問いかける」ことで話題の展開を促す
共感
「伝える」「聴く」のスキルを活用する

手の言いたいことをまとめたりするような、地道な努力が必要なのです。

④「収束はやわらかく」が鉄則

女性との会話では、**「しっかり〈発散〉させて、やわらかく収束させる」**という意識をもってまとめましょう。そのときの投げかけの言葉は、前項の〈共感〉の語尾。

「これってこういうこと**かな（かも）**？」

「言いたいことは、こういうこと**かな**？」

男性はゴールが見えると、断定的な言い方をしがちですが、それは絶対にNG。

女性は納得するだけ話して、そこから結論を導いてくれた上司に対し、信頼感をいだいてくれるものなのです。

第 5 章

6つの価値観で女性の部下の信頼を得る

「メンタル力」を磨く

メンタルに〝スイッチ〟を入れていこう

さあ、ここからは、いよいよ最終章です。

ここでは、これまで学んできた**女性と向き合うスキルを生かすためのメンタルにスイッチを入れる方法**を紹介していきます。

「メンタルなんて重い話は、私には向いていない」

と思われる方もいるかもしれません。

しかしこれは、女性と向き合うために必要なことはもちろん、みなさん自身やビジネスの上でも、これからの**人生を前向きに歩んでいくための方法**でもあるのです。

というのも、そもそも私が現在の仕事をするようになったのも、この「メンタルにスイッチを入れる方法」を知ったことがきっかけだったからです。

私は、序章でも述べたように、ＥＳ診断で女性スタッフたちに嫌われていることを知り、メンタル的にどん底に突き落とされました。自分では、経営者として一生懸命やっていたつもりだったのに、スタッフたちに嫌われていることがわかって、精神的にものすごくショックを受けたのです。

しかし、なぜそこまで落ち込んだのかを突き詰めて考えていくと、私はそれまでの人生で、**本当の意味での自己肯定感をもつことがなかった**んですね。子どものころからの勉強でも、お絵かきでも、駆けっこでも、なんでもいいんです。

「僕はこれが得意だ！」

「今の僕が好き！」

と、自信をもって言えることがなかった。

もちろん、学生時代の勉強や、大人になってからのビジネスの世界では、努力をすることで、ある程度は人から認めてもらえるようになり、自信をもてるようにはなりました。

でも、**心の奥底に、自分の存在や行動をどうしても肯定できない私がいて、**大人になっても自己肯定感をつかみきれていなかったのです。


だからこそ、自分を追い詰めるように厳しく、完璧に仕事をして、それができなければ、自分自身に対してだけでなく、他人のことも責めていく……。

つまり、根本的に自己肯定感をもてず、自分を許せなかった私は、保育園の**女性スタッフたちに対して、きちんと向き合うメンタルをもっていなかった**のです。


そんなときに出合ったのが、**セルフ・コンパッション**でした。この定義については、次の項目で詳しく述べますが、その論文を読んだ私は、その内容が心にストンと落ち、しみ渡っていくように感じたのです。

そしてそれからは、この定義を実行していこうと、自分の中にあるポジティブな部分を褒めたり、過去の自分の頑張っていたところをねぎらったりする言葉を、1年間、毎日のように自分自身にかけていきました。

そうしていくうちに、怒りを感じたり、イライラしたりと、感情的になりがちだった気持ちに余裕ができ、

「ああ、私にも価値があるんだ」

と、自然に思えるようになったのです。

人との比較や結果より、自分のこれまで頑張ってきた〈プロセス〉や姿勢を褒めて、ねぎらっていく。それだけで、自分を許せるようになり、他人に対しても優しくなれるようになったのです。

そして、

「心機一転、気持ちを入れ替えてやっていこう」

と思えるようになってからは、保育園の女性スタッフたちとも正面から向き合えるようになりました。

女性スタッフたちと信頼関係を築いていくための**私のメンタルに、ようやくスイッチが入った**のです。

メンタルスキルの土台となるセルフ・コンパッションとは？

〝ありのまま〟の自分を受けとめてあげる習慣

女性の信頼を得られるリーダーになるということは、私たちそれぞれが、これまでの考え方やあり方と向き合っていかなければならないこと。そのためには前項で述べたように、**自分自身のメンタルが健康で、スイッチを入れられる状態であることが大切**です。

では、私たちのメンタルを健康にするセルフ・コンパッションとは、どんなスキルなのでしょうか？

セルフ・コンパッションとは、米国の心理学者クリスティーン・ネフ博士が提唱した定義で、「困難に直面した時、自分自身の肯定的、否定的側面の両方を優しく理解し受け入れ、その苦しみが人類に共通していることを認識し、感情のバランスを取れる特性」（「セルフ・コンパッション」ＤＩＡＭＯＮＤハーバード・ビジネス・レビュー　２０１９年５

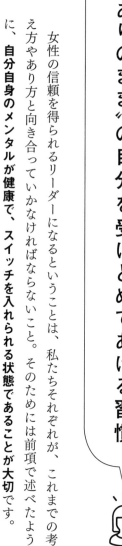

図表17　セルフ・コンパッションの概要

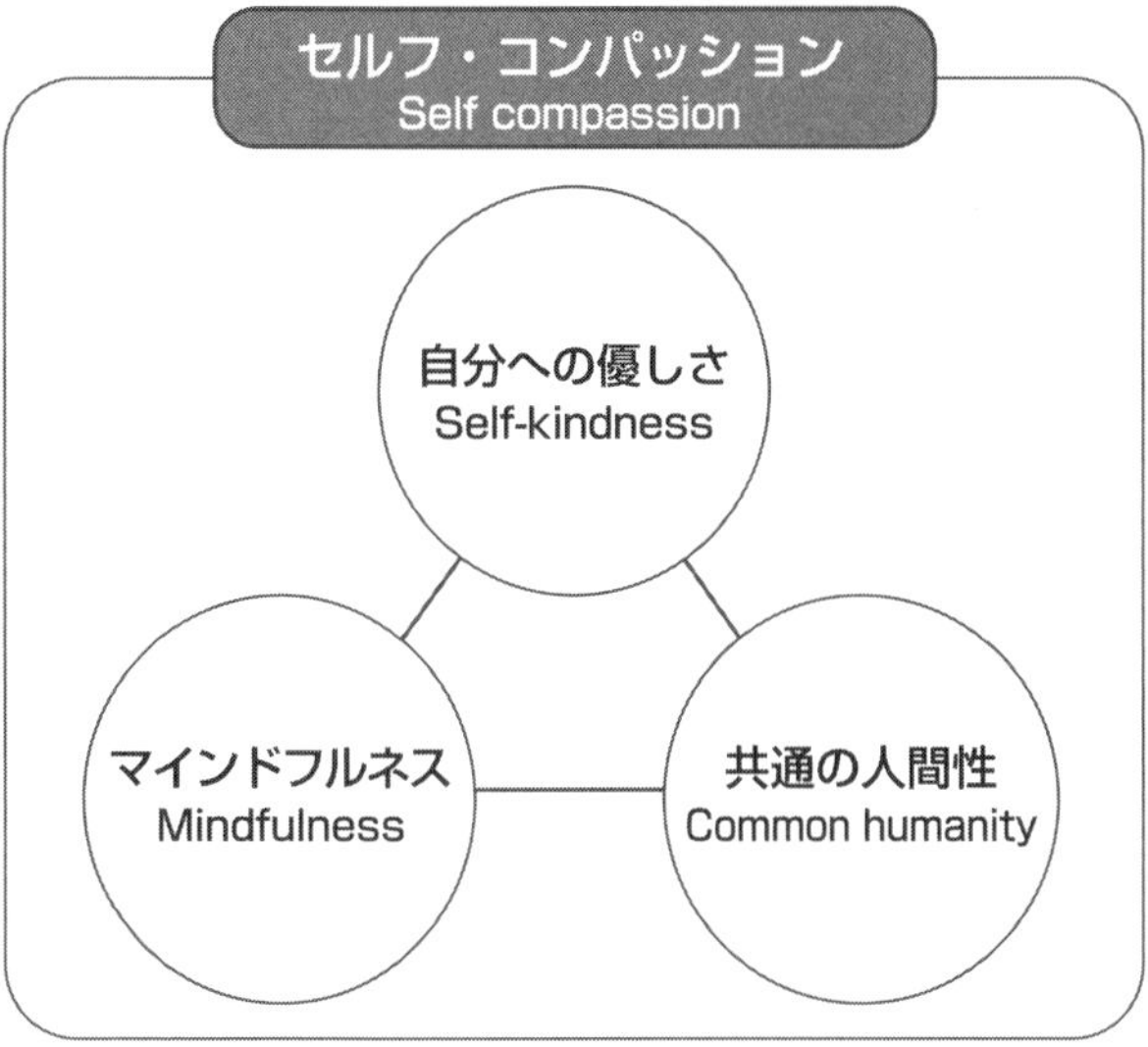

月号　ダイヤモンド社）を言います。

図表17にあるセルフ・コンパッションのポイントを説明すると、次のようになります。

①自分への優しさ

自分の良いところを思い浮かべて、温かく、優しく自分に語りかけます。これは、人への感謝や尊敬、温かさ、安心、安全といったポジティブな感情につながっていきます。

②共通の人間性

失敗や困難な出来事などは、自分だけでなく、人間なら誰もが経験しているものだという認識をもちます。そのことで、他者とつながる感覚が戻り、孤独感がなくなります。

③マインドフルネス

ネガティブな感情をもたざるを得ない経験

をしたときでも、混乱して感情にコントロールされることなく、〝ありのまま〟の感情を受け入れられる状態でいます。

このセルフ・コンパッションを、私がパワハラ大王時代に、ES診断の結果を知ったときのことを例に説明すると――、

「私はダメだ……」

「こんな辛いこと、もうやめたい……」

と、すべてを否定的に捉え、ひとり毎晩のように浴びるほどお酒をのんで落ち込んでいる**〝ありのまま〟の私を、自分から優しく受け入れ**、その状況を理解して、

「タカトシ（私の名前です）、それでも会社のために、**一生懸命頑張ってきた**よね」

「タカトシ、**こういう困難は、みんなが乗り越えていること**だよね」

と、**肯定的な言葉を自分にかけていく**。

そして、その状況を、

「じゃあ、私は、次にどうしていけばいい？」

「そうだ、自分と向き合って、人間関係を変えていこう」

と、**ポジティブな思いにつなげていった**——ということなんです。

当時、私がセルフ・コンパッションでやったことは、次のようなことです。

●自分への呼びかけは**「～君」「～ちゃん」と、親から呼ばれた幼少期の呼び名を使う**（呼び捨ての場合はそのまま）

●自分の過去の失敗や後悔は**しっかり嘆いて、愚痴って弱音を吐く**

●自分の過去の成功や自慢できる出来事に対しては、**しっかり褒めて、認めてあげる**

●失敗の中でも、**自分の頑張りや貢献、得られた教訓を認めて、ねぎらう**

●ネガティブ、ポジティブそれぞれの出来事や、それに伴う感情は、自分にとっては**体の部位や臓器と同じくらい大切な要素であると捉え、すべて優しく受け入れる**

こうしたセルフ・コンパッションを**習慣的に行い**、その効果を出している人には、次のような特徴があります。

①幸福感が高い…………ポジティブな感情を常にもっていて楽観的であり、人生への満足度や人への感謝の意識が高い

②ストレスが減る………不安・抑うつ・ストレスが低い

③レジリエンスが高い…精神的ダメージから回復できる能力＝レジリエンスが高い

男性は仕事で「結果」を大事にしますが、このセルフ・コンパッションの柱となるのは**自分がやってきた〈プロセス〉を大事にする**という考え方。これは、これまでこの本でも扱ってきたように、〈プロセス〉を大事にする女性の部下と向き合っていくリーダーとして、**〈心理的安全性〉を体現する**という意味でも、とても重要です。

最後に、セルフ・コンパッションをやっていく上で、気をつけておきたい点をあげておきます。

① 比較しない

他者と比較せず、人からの評価が良くても悪くても、〝あるがまま〟を優しく受け入れ、怒りの感情などに支配されないことです。

② 失敗を優しく受け入れる

自分が失敗してしまった出来事の中でも、自分の頑張り、貢献できたこと、そこから得られた教訓などの良い面を、悪いところと同じように受け入れます。

③ 習慣化する

自分を慰め、ねぎらっていくことを、毎日のように続けていくこと。何かにトライするときなどに「大丈夫、うまくいく」と、自分を鼓舞する言葉もかけていきたいですね。

④ まずは自分を救う

他人のために何かをしようとするならば、まずは自分が心身ともに安全で健康でなければなりません。だから、**女性の部下との信頼関係を築いていくためにも、自分を救ってメンタルを強くしていくことが重要**なのです。

こうした取り組みは、セルフケアをしていくことが基本ですが、本格的に取り組みたい、あるいは自分でやっていくことがむずかしい場合は、プロの専門コーチやカウンセラーに診てもらうといいでしょう。

次の項目からは、女性と向き合うための**「6つの価値観」**について説明していきます。**「尊重」「公平」「承認」「感謝」「受容」「応援」**のどれから始めても構いません。自分のやりやすいものから選んで、最高のメンタルにしていきましょう。

〈プロセス〉での頑張りや姿勢をねぎらっていく

セルフ・コンパッションとは、すなわち、自分を「尊重」すること。

この項目で言う**「尊重」とは、それを他者＝女性の部下に向けてもやっていく**ということです。相手を価値あるもの、尊いものとして大切に扱っていく。つまり、成果が出せるから部下を「尊重」するのではなく、**「尊重」していくから、成果が出る**のです。

〈プロセス〉をきちんと評価し、しっかりねぎらい、励ましていくことで、**〈心理的安全性〉を体現していく**効果も高まります。第1章でも学びましたが、とくに女性の場合は、この〈心理的安全性〉がポイントで、その状況があるからこそ、彼女たちの潜在能力を引き出すことができ、成果を出せる人材が育つのです。

こうした姿勢は、表に出ている人だけでなく、裏方として見えないところで懸命に努力してくれている人たちにも向けていきます。

私の保育園の経営者時代には、スタッフ向けのマニュアルをつくり、それを段階的に学んでいくことで、保育園内の全業務がこなせるシステムを整えていました。ただ、それだけでは、メンバーのスキルは上がっても、メンタル面が、それに追いつくことはなかなかありません。

私が保育園を経営していたときは、将来有望な20代の若い人材に1軒の保育園を任せることがよくあったのですが、年上の30代、40代の保育士たちをまとめるのは想像以上に大変なこと。**メンタル面での負担が大きく、それだけ失敗も多くなる**わけです。

そこでは、まわりが彼女を盛り立てていける環境をつくる必要があります。しかし、それ以上に重要なのは、**彼女のできていることはもちろん、失敗も含めて、その〈プロセス〉や、そこでの努力を「尊重」してあげること。**

子どもを育てるときも、同じですよね。子どもは失敗しながら成長するもの。それを、ことが起きるたびにいちいち叱って、

「こんなことができないなんて、ダメな子だ」

なんて言っていたら、子どもは萎縮してしまいます。

失敗して、本人が反省することは大事です。その上で、その失敗をフィードバックして、次回に生かす。

女性は、男性よりきちんと反省する傾向があります。男性も反省はするのですが、結果が出なければ、やったこと自体を否定しがち。そうなると、失敗を恐れて無難な道を選んでいってしまう。それでは、その部下は成長できなくなってしまいます。

長い目で見れば、結局は失敗をしてもいいから、次に生かしていく道を選んでもらったほうが、**人材を育てるという意味でも、成功率は上がっていきます。**

こうした**ねぎらいや励ましで必要なのが、毎日女性の部下にかけていく言葉。**

男性の場合は、日常的に部下をねぎらう習慣がない方が多いので、日頃からやっていけるように意識していきましょう。

図表18にその代表的なフレーズをあげてみました。部下の普段の行為に関しては、

「いつも、ありがとう！」

図表18　ねぎらい・励ましのフレーズ

ねぎらいのフレーズ
いつもありがとう
○○さんのおかげで～できた（できているよ）
～してもらって助かるよ

励ましのフレーズ
～頑張ったね（ているね）
～できて、素晴らしい（すごいね、素敵だね）
すごく（とても）○○がいいね（かわいいね）
～が大変だったね／～が辛かったね

と声をかける。そして、仕事で失敗したときには、たとえば、

「大変だったね。よくあそこまで頑張ったよね。すごく良かったよ。今回できなかったことは、次に生かしていこうね」

と、**できていない「結果」ではなく、できている〈プロセス〉をしっかり褒めていく**。

そうしていくことで、私の保育園の経営者時代の女性スタッフたちは現在、園の運営に欠かせない人材に育ってくれています。

「君のここが、すごく良かったね」

という言葉がモチベーションとなって、女性たちの仕事の能力を上げ、チャレンジ精神を育んでいくのです。

公平 女性の部下と公平に接する上で注意したいのは？

相手によって態度を変えない。基本は〝女子マインド〟

「組織のリーダーとしては、メンバーの『公平性』を保つのはむずかしい」と思っている人は、多いですね。

とくに女性の多い職場では、立場や年齢、人の好き嫌いなどから、会社の制度や上司に否定的な態度をとる人もいて、上司としては不公平な態度をとっているつもりがなくても、ついつい言いやすい人に、仕事を多く頼んでしまうようなこともありますよね。

そうした大変さをわかった上で言えば、とくに女性に対しては、信頼を失わないためにも、「公平」な態度をとっていくのが肝心。全員に「公平」な態度を示すためにも、リーダーとしては、次の3つはやっておきたいものです。

① 全員に対し、名前は「さん」づけで呼び、呼び捨てや愛称、「ちゃん」づけで呼ばない

② 女性メンバー全員の誕生日を祝う

朝の出勤時に「お誕生日、おめでとう！」と声をかけたり、バースデーソングを歌ったり、自筆のカードを贈ったり、パーティーを開いたりするなどの心配りをする——私が保育園の経営者時代には、これらを実際にやっていました。

③ 女性職員全員を「女子扱い」する

③については、みなさんにワークをやってもらったあとに、説明していきましょう。

女子扱いワーク

次の5つの呼称について、年齢区分をしていくとしたら、あなたは「何歳から何歳まで」と思っていますか？　実際に考えて、書いてみてください。

女の子　↓（例：0歳から15歳まで）
女子　↓
大人の女性　↓
おばさん　↓
おばあちゃん↓

——いかがでしたか？　私の答えは、こんな感じでした。

「女の子↓0歳から17歳まで、女子↓18歳から26歳、大人の女性↓27歳から37歳、おばさん↓38歳から59歳、おばあちゃん↓60歳以上」

こうやって実際に書いてみると、女性に対する年齢区分は結構むずかしいですね。

ただ、ほとんどの男性にとって、「女子」の年齢区分は10代後半から20代後半ぐらいまでで、だいたい同じなんですね。**「女子」とそれ以上の年齢の女性、とくに「おばさん」と言われる年代とは、現実でもはっきり区別している人が多い。**つまり職場でも、「女子」にだけちやほやする傾向があって、それ以外の女性には、丁重さがなくなりがち。

まあ、男性の本能として考えれば、致し方ない部分ではありますが、仕事の場に関して言うと、これは明らかに**女性に対する「公平性」を欠いている**わけです。

そういった男性の意識に反して、**女性はいくつになっても「女子」マインドをもっている**もの。年齢の高い女性も、「女子会」という名で仲間と集まったりしていますよね。男性としてはそのマインドを「尊重」し、信頼関係を築く指標にしていきたいものです。

まずは、ワークで出た結果を見て、自分が「女子」と言われる年代と、「おばさん」と言われている年代に対して、同じ接し方ができているかを振り返ってみましょう。そして、**「女子」とそれ以外の年代の女性への〝接し方〟を統一していきます。**

つまり、**相手がどの年代の女性であっても、平等に価値を認めて、同じように公平に接する。**たとえば私の場合、仕事だけではなく普段から、どの年代の女性に対しても、先に立って出入り口の扉を開けるなどのエスコートを、率先してやるようにしています。

実はそういった行為は、やる側、受ける側の両方にとって、気持ちがいい上に良い関係性を育みやすいもの。そのことをみなさんにも、ぜひ知っていただけたらと思います。

ただし「公平性」と言っても、妊婦や精神的・肉体的に疾患をかかえている人、年齢的な衰えのある人、介護や子育てなどの理由がある人への〝配慮〟は、「尊重」の姿勢の上でも必要です。その場合は、特別扱いでなくするために、職務規程や待遇面などでの調整も考慮しながら、全体最適を考える必要があります。

また、能力給に関しても、成果に応じた「公平」な評価と考えていいでしょう。

「価値承認ワーク」で部下の良いところを認めていく

この項目は、ワークで始めていきましょう。

価値承認ワーク

初めに、あなたの女性の部下の中からひとりを決め、主観で構わないので、その人の「良い行動」「良いところ」を思い浮かべてください。

次に、**図表19**のシートの表の例文を見ながら、その人の「具体的行動」「具体的価値」「価値承認」を各欄に記入していきましょう。

「具体的価値」と「価値承認」で使う言葉は、２０６頁図表20にあるサンプルから選んでも、ほかの形容する言葉を使っても構いません。

図表19 価値発見・承認シート《例》

価値発見・承認シート

承認対象　（女性の部下の名前を記入）さん

所　　属

承認実施者　（あなたの名前を記入）

日付	具体的行動	具体的価値	価値承認
4/12	打ち合わせで私の話をよく聴き、的確な答えを出してくれた	知的な対応が	素晴らしい！
	接客のときのテキパキとした対応は	気配りがあって	素敵！

図表20　具体的価値・価値承認ワードサンプル

理性的！慎重！教養がある！説得力がある！落ち着きがある！まじめ！冷静！洞察力がある！頼りになる！知性的！行動力がある！活動的！集中力がある！継続性がある！公平！信用(信頼)できる！リーダーシップがある！熱意がある！忍耐力がある！スマート！想像力がある！意志が強い！礼儀正しい！責任感がある！論理的！堅実！謙虚！計画的！野心的！誠意がある！寛容的！強い！社交的！洗練されている！魅力的！慎ましい！良心的！愛想がいい！包容力がある！気配りできる！器用！親しみやすい！気さく！おおらか！気前がいい！気立てがいい！気品がある！ポジティブ！明るい！親切！家庭的！几帳面！優しい！情に厚い！感じがいい！温かい！独創的！ユーモラス！おもしろい！優雅！頑張り屋！実直！安心感がある！そつがない！素直！かわいい！約束を守る！好奇心旺盛！聞き上手！たくましい！いやし系！素晴らしい！…など

――いかがでしたか？

うまく記入できたでしょうか？

次回からは、図表19のシートを自分でつくって、女性の部下全員について毎日1回は必ずやっていくようにしましょう。シートは、承認対象に渡す必要はありません。

慣れないうちは、言葉を選んでいくのが大変だと思いますが、回を重ねていくうちに、**女性の部下の価値を見つけようとする意識がいつも働くようになります。**

このワークのポイントは次の3点です。

①**ほかの人と比較しない**

②「価値承認」は、数をこなすことで質が上がっていくもの。**まずは主観でいいので、**

とにかく回数を重ねていく

③具体的に価値を認めていくために、**女性の部下への関心をもち、よく観察する**

この「価値承認」にはステップがあって、ワークでやったのは、通常の「価値承認」。**これを身につけて習慣化すれば、**スキルが上がって、自分だけで認めていた女性の部下の価値を、本人に直接伝えられるようになり、**高度の「価値承認」ができるようになります。**「あなたを認めています」というこちらの意図が伝わって、相手の心に響くようになるんですね。

そうなれば、**女性の「他者に認められたい」という〝承認欲求〟を満たせるようになり、あなたは彼女たちから、より高い信頼を得られるようになる**わけです。

ただし、高度の「価値承認」は、認める側のあなたが、相手の女性から〝信頼〟や〝尊敬〟を得ていないと成立しないもの。そうでなければ、

「あなたには、言われたくないです！」

ということになってしまうので、日頃の努力が必要ですね。

感謝

仕事での当たり前のやりとりにも感謝は必要？

感謝は日々の「当たり前」を疑うことから始まる

あなたは、職場で誰かに何かをしてもらったとき、「ありがとう」「助かります」「うれしいです」……と、感謝の言葉を伝えていますか？

「感謝」と言うと、自己啓発本などでも取り上げられることがよくあるので、「またその話か……。ありきたりだよな」と思う人は多いですよね。

実は私も、以前はそう思っていたひとりでした。人に何かをしてもらっても、ほとんど感謝の気持ちをもてず、たとえ「ありがとう」と心の中で思っても、気恥ずかしくて言葉にできなかった。だから感謝の気持ちを表現するなんて、必要ないと思っていたのです。

しかし、**私のその考えは、2つの出来事によって180度変わってしまいました。**

その1つ目は、2011年の**東日本大震災**。被災された方々はもちろんのこと、多くの日本人があの出来事によって、それまでの生きる価値観を大きく変えることになったと思います。私もそのひとりで、幸い大きな被害は受けませんでしたが、**それまで当たり前に思っていたことが、すべてそうではないことに気づかされました。**

当時の私は、保育園を経営していたので、日中に電気が使えなかったことが大きかった。子どもたちの安全を守る上で大きな支障が出て、当たり前のように電気があったことの「ありがたさ」が身にしみたのです。

そして2つ目は、序章でも少しふれた**「集中内観」**。その1週間の研修の中で、私はそれまで自分が家族にしていただいたことを思い起こしていくことで、徹底的に自分と向き合いました。そして、**人に何かをしていただくことが、当たり前のことではないと心底知る**ことになったのです。

これらのことを契機に、私は人への「感謝」に対する考え方・あり方を変え、次の2つのことに継続的に取り組むようになりました。

その1つは、これも序章でも述べた、**「ありがとうの100回素振り」**。さすがに人前ではできなかったので、私はクルマでひとりで移動しているときや、お風呂に入っているときなどに、「ありがとう」を100回唱え続けました。これは「内観」を指導してくださった方への感謝の気持ちもあって続けたことなのですが、「ありがとう」を口癖にすることで、今では言わないと気持ちが悪くなるくらい、自然に口から出るようになりました。

そして2つ目は「していただいたログ」。これはワークをしながら説明しましょう。

していただいたログワーク

図表21のシートをつくって、例文にあるように、**その日会った人たちに「していただいたこと」を毎日最低1つは記録していきます**。

そこに登場するのは、家族、職場の同僚、買い物や飲食店で出会った人……と、誰でもいいんです。たとえば、仕事で表に出てはいないけれど、陰でみんなのために頑張ってくれている管理部門の人のことなどを、1つひとつ思い出しながら書いていきます。

そうすることで、**自分がするべきことを「誰かにやっていただいている」「そのおかげで、今の当たり前の生活が成り立っている」と、自然に思えてくる**んですね。

以前、ある経営者と打ち合わせをしていたときのこと。私のスマホにかかってきた女性

図表21　していただいたログ

日付	誰に	何をしていただいた
4/11	会社スタッフに 宅配の人に 妻に	私宛ての電話を2回も受けていただいた 夜遅くに荷物を届けていただいた 今日もおいしい夕食をつくっていただいた

スタッフからの報告に、私がいつものように、

「今日も1日ありがとう。明日もよろしくね」と感謝の言葉を伝えたんです。すると、

「社員の業務報告に、いちいちありがとうを言うんですか？」

と、打ち合わせ相手の驚きの言葉。

それを聞いて、逆に私も、

「感謝の言葉をかけない理由が、私にはわからないですね」

と、思わず言ってしまいました。

1日を何事もなく終えられたありがたさと、その仕事をやりきってくれたスタッフたちへの感謝——そうした気持ちを、いつでも誰にでも、自然に伝えていけるようになりたいですね。

受容　女性の愚痴にはどう付き合えばいい？

女性の愚痴は心のデトックス。正論や論破は厳禁

「うちの部署の女性は、『私ばかりが大変な仕事をしている』『あの人はおもしろい仕事をさせてもらっているのに、私はつまらない仕事ばかり』『直属の上司は私の話をきちんと聴いてくれない』……と、話を聴けば愚痴ばかり。私としては、それなりに配慮して仕事を任せているつもりなんですが、どう対処していいのかわからなくて……」

そんな男性リーダーからの相談が、私のところにもよくきます。

みなさん、止めどなく続く女性の愚痴を聞くのが苦手だったり、ひどいケースになると、愚痴を聞かされすぎて、精神的に辛くなったりしているのです。なかには、

「そんなくだらないことばかり言っていないで、今の仕事をきちんとやりなさい！」

と、正論で突っぱねてしまったばかりに、

「あの人は話を聴いてくれない上司だ」

と、のちのちまで言われ続けたり……。

男性にとっては、きわめて感情的で、理不尽に思える女性の愚痴に対応するのは、実にむずかしいこと。第2章でも述べましたが、女性は男性とは根本的に異なる存在。体調が不安定になっている結果、精神的にも影響が出ている、ということもあります。

だから私は、女性の愚痴で悩む男性に対しては、いつもこうアドバイスしています。

「女性の愚痴は心のデトックス」

宮崎駿監督の映画『風の谷のナウシカ』に出てくる腐海（森）の植物たちが、毒素を吐き出しながら土地を浄化していくように、**女性たちも〝心のタンク〟の水が悪いもので濁っているから、それをデトックスしている**のです。愚痴は、心のデトックスのためには欠かせない活動の1つなんですね。

愚痴を言っている女性を目の前にしたら、まずは、

「ああ、今は心のデトックス中ね」

と思って、**彼女を落ち着かせる**こと。要するに、これまでも女性への対応の仕方で説明してきたように、話をじっくり聴いて、女性の納得のいかない気持ちや辛い気持ちを、

「そうなんだね。辛いよね」

と、まずは受けとめてあげることなのです。

男性がよくやるように、

「それは違う。君は正しくない」

「そんなのは、常識的に考えたら、違うだろ」

と**正論をかかげて論破することではない**んですね。

女性の心境としては、わかってはいても言わなくては気がすまない。それなのに正論を言われると、それが地雷となって、怒りや恨みの原因になったりすることもあります。

そして、彼女が言うだけ言って、**感情の発露が落ち着いてきたら、**

「それはきっとこういうことだから、こういう考え方をしたらどうだろうか」

と、**提案型の対応をする。**

女性も初めから、自分の意見が全部通るとは思っていないので、そういう言葉を聴くだ

けで、矛を収める口実ができるのです。

また、女性が多い職場では、上司であっても、**話のネタやイジリの対象にされる**ことはままあること。男性はプライドが高いので、バカにされていると思って、それを嫌がる傾向にありますが、**女性は嫌悪感をすぐに表情や態度にあらわすので、本当にそうなのかは、観察していればわかります**。

そこで、日常的に、気軽に話のネタにしたりイジったりしてくるのなら、大体が**女性にとっては信頼の証し**。軽くユーモアを交えた言葉で返し、「この人は、何を言っても受け返してくれるし、聴いてくれているんだ」と思ってもらえる上司になりたいものですね。

――上司としては、以上の対応がきちんとできれば、女性からの評価が上がることは間違いないでしょう。ただし、こうした女性の言動を「受容」していくためには、やはり190頁に出てきたセルフ・コンパッションが大切です。まずは自分という土台をしっかりつくって、常に心が健康であるようにしていきましょう。

「頑張れ」だけでなく、行動で後押ししていこう

私の知り合いの女性が言っていました。

「うちの会社の社長は素晴らしいんです。仕事の締め切りが迫っていて、私が忙しく働いているときに、コーヒーをいれにサーバーのところに行くと、社長がひどく汚れていた箇所を掃除してくれていたんです。『これはまずい！』と思って、私が焦りながら、

『すみません！　私がやります！』

と言うと、笑顔でこんな答えが。

『……あ、バレちゃった？　いいの、いいの。勝手にやっているんだから、気にしないで。君たちが夜中まで頑張ってくれているのを知って、ちょっと手助けがしたくてね。だから〇〇さんは、自分の仕事に邁進してほしい。それが僕の喜びなんだから』」

それから彼女はうれしくなって、仕事に一層打ち込むことができたとのこと。もともと

社員たちの話をよく聴いて、気軽に話ができる社長さんらしいのですが、ちょっとした気遣いで、彼女たちの頑張りを後押ししているんですね。

まあ、ここまでになるのは、なかなかむずかしいことですが、**部下たちへの応援は、言葉だけでなく、行動を伴った後押しが一番**。よく、

「頑張れ、頑張れ！」

とだけ言って、あとはお金ですまそうとする上司がいるようですが、とくに女性の部下たちにとっては、反感のもと。お金は最後の手段です。

言葉がけも大切ですが、まずは知恵と労力を惜しまない応援が必要なのです。

たとえば、重い荷物を運んでいる女性の部下が目の前にいるのに、

「荷物、重そうだね。頑張って運んでね」

とだけ言って、去っていってしまったら、どうでしょう？

部下にとっては、荷物をもってもらったら喜ぶところなのに、言葉だけだったら、

「一緒にやってくれないなら、絡んでくるな！」

と思うのが正直なところ。

やはり、そういうときは、

「荷物、重そうだね。運ぶのを手伝うよ」

と言って、一緒に行動するのが上司、いやいや、人として当たり前のこと。そうすることで、女性の仕事に対する士気も上がります。

男性はなかなかこうした行動ができない傾向にありますが、**普段からのちょっとした心遣いや、手間を惜しまない姿勢が、女性たちからの信頼を生んでいく**のです。


上司としてすぐにでもできる「応援」の行動の例をあげていくと、荷物のほかにも、
- 話を聴くときは、何かをやっている最中でも、手を止めて耳を傾ける
- さりげなく部下たちの日常の様子を見るように心がけて、何か大変そうなことがあれば、言葉だけでなく、自分ができる範囲内で、行動で手助けするようにする
- 部下の誕生日にはお祝いのメッセージをあげたり、パーティーを開いたりする
- 先回りしてドアを開けてあげる
- エレベーターに乗ったときは、乗ってくる人のためにドアを押さえて、自分から率先し

てボタンを押す
……など、いくらでも出てくるはずです。それを継続的にやっていくことが、女性たちの信頼を得ていくためのスキルなんですね。

そうして応援する姿を見せながら、部下との信頼関係を少しずつ深めていく。慣れないうちは、1つの行動を起こすのにも勇気がいるでしょう。でも、そうやって日々努めていくことで、自分でも当たり前のようにできるようになり、部下たちにもその姿勢が伝わっていくものなのです。

〈信頼サークル〉のところでも述べたように、女性の部下全員から「全幅の信頼」を得ることは、なかなかできることではありません。
だから、たとえば10人の女性の部下がいたら、2人くらいの「深い信頼」を得る。そのほかは、6人くらいの「一定レベルの信頼してくれる人」がいれば、十分なのです。
野球でたとえるなら、そこを目指して地道に素振りをする——そのことが大事なのです。

おわりに

女性スタッフから信頼を得るためのさまざまな取り組みを通して、自分でも効果を実感していたある日のこと——。私は自動車メーカーに勤めている知人の女性と、久しぶりに食事をしました。開口一番、彼女から、

「以前とは、何か雰囲気が変わったみたい」

と言われ、私は「待っていました！」とばかりに、それまでの自分の変化や、女性スタッフとの関係性改善の様子を、**ドヤ顔で話しました**。そして、

「良かったですね！　頑張りましたね」

という彼女の言葉に、ご満悦状態。

でもそのあと、彼女がポツリと言ったのです。

「それって、自動車で言うと、標準仕様ですよね」

……私はハッとし、まさに目からウロコが落ちたような心境になりました。

私が身につけたスキルは、女性から見れば、「標準仕様」（男性が普通に備えているべき

もの）であり、特別なものではなかったんですね。**あくまでもこのスキルは土台で、職場で実践しながら、どのように磨いていくのかが大切**なのだということを痛感したのです。同時に、彼女にドヤ顔で話していた自分が、とても恥ずかしくなりました。

それからの私は、「標準仕様」という言葉を胸に、特別気負うことも、誇ることもなく、日々粛々と女性の味方を増やし、信頼が得られることに取り組んでいます。

この本を読んでくださったみなさんには、本書のスキルを実践し、女性の部下との関係構築に役立てていただければ、それほどうれしいことはありません。そして、彼女たちとの信頼関係を実感できたとき、**心の中で満面の「ドヤ顔」をしてもらえれば**と思います。

最後にこの本を出版するにあたり、私に多大なる力添えをしてくださった編集部長の大石聡子さん、藤原裕美さん、そして一緒にこの本の企画立案に尽力いただいたブックオリティの皆様に、心から感謝申し上げます。本当にありがとうございました。

著者

参考文献

- 「セルフ・コンパッション」DIAMONDハーバード・ビジネス・レビュー 2019年5月号 ダイヤモンド社
- 「従業員満足は戦略である」DIAMONDハーバード・ビジネス・レビュー 2018年8月号 ダイヤモンド社
- 『世界最高のチーム』ピョートル・フェリクス・グジバチ著 朝日新聞出版
- 『マンガでやさしくわかるアドラー心理学』岩井俊憲著 星井博文シナリオ制作 深森あき作画 日本能率協会マネジメントセンター
- 『悩みが消える「勇気」の心理学 アドラー超入門』岩井俊憲監修 永藤かおる著 ディスカヴァー・トゥエンティワン
- 『OPENNESS 職場の「空気」が結果を決める』北野唯我著 ダイヤモンド社
- 『具体と抽象』細谷功著 dZERO
- 『ESで離職率1%を可能にする人繰りの技術』志田貴史著 太陽出版
- 『図で解りあえる技法』多部田憲彦著 ソーシャルキャピタル
- 『怒りが消える心のトレーニング』安藤俊介著 ディスカヴァー・トゥエンティワン
- 『妻のトリセツ』黒川伊保子著 講談社
- 『女の取扱説明書』姫野友美著 SBクリエイティブ
- 『話を聞かない男、地図が読めない女』アラン・ピーズ＋バーバラ・ピーズ著 藤井留美訳 主婦の友社
- 『服が、めんどい』大山旬著 須田浩介イラスト ダイヤモンド社
- 『女は、髪と、生きていく』佐藤友美著 幻冬舎
- 『美貌格差』ダニエル・S・ハマーメッシュ著 望月衛訳 東洋経済新報社

玉居子高敏　たまいご たかとし

女性が多い職場安定化&活性化コンサルタント

1978年栃木県生まれ。埼玉大学卒業。

保育園コンサルティング会社を経て、28歳で保育園経営者として独立する。

創業初期は女性との接し方・まとめ方がわからないまま、多くの女性職員と衝突を繰り返し、徹底的に嫌われ、「存在がパワハラ」とまで言われる。しかしあることをきっかけに、それまでの自分を客観的に見つめなおし、女性との接し方を研究し、行動を徹底的に変えていく。最初は懐疑的だった職員も私が変わっていく様子を見て、徐々に信頼を得るようになる。高い離職率を招いていた職場環境が少しずつ改善され、現場の空気感も変わり、職場が活性化するようになる。さらに職員の定着率が向上し、従業員の満足度も徐々に高まり、事業も伸びていく。個人の話だけでなく、職場全体が変わる必要性を感じ、従業員が働きやすく、定着しやすい風土づくりをシステム化する取組みを行う。信頼できる職員が増え、システムも機能することによって、現在、埼玉東部地区で小規模保育園カテゴリーNo.1(2021年3月現在)にまで成長する。40歳になり、自分の人生を見直す中で、もともとやりたかったコンサルティングの仕事に集中するため保育園を教育系の上場企業へと事業譲渡する。現在は2,000人以上の女性との仕事経験で培ったスキルとマネジメントの手法をミックスさせて、女性が多い職場を安定化&活性化させるためのコンサルティングを通して、女性との接し方や女性管理に悩む経営者・管理者の教育指導を実施している。

「うん、そうだね」と女性部下に言ったら、「信頼される上司」になれた

2021年4月3日　第1版 第1刷発行

著者　玉居子高敏
発行所　WAVE出版
〒102-0074 東京都千代田区九段南3-9-12
TEL:03-3261-3713　FAX:03-3261-3823
振替:00100-7-366376
E-mail:info@wave-publishers.co.jp
https://www.wave-publishers.co.jp
印刷・製本　萩原印刷

NDC335　223p　19cm　ISBN978-4-86621-348-4